Cuatro sueños más

Juan José Alfaro Olmedilla

821.134.2-2"19"   YND (Thema)

Edita: Ediciones de la Universidad de Castilla-La Mancha, 2024.

Colección COEDICIONES n.º 180.

Unión de Editoriales Universitarias Españolas

Esta editorial es miembro de la UNE, lo que garantiza la difusión y comercialización de sus publicaciones a nivel nacional e internacional.

D.O.I.:   https://doi.org/10.18239/coe_2024_180.00
I.S.B.N.: 978-84-9044-675-1 (Ediciones UCLM – Edición impresa)
I.S.B.N.: 978-84-7788-697-6 (Consejería de Educación, Cultura y Deportes. Servicio de Publicaciones)
D. Legal: CU 155-2024
I.S.N.I.: 0000000506819532 (Ediciones UCLM)

La publicación de este título ha sido aprobada por el Consejo Editorial de Ediciones de la Universidad de Castilla-La Mancha y publicada en acceso abierto (ruta diamante) en el Repositorio RUIdeRA https://hdl.handle.net/10578/37776

Hecho en España (U.E.) – *Made in Spain (E.U.)*

Castilla-La Mancha

Patronato
Gil de Albornoz

CUATRO
sueños más

Juan José Alfaro Olmedilla

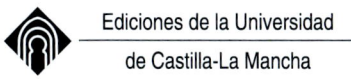

Ediciones de la Universidad
de Castilla-La Mancha

Cuenca, 2024

Índice

Prólogo

Amador Pastor Noheda
Consejero de Educación, Cultura y Deportes

Las artes escénicas son una de las formas de expresión artística más antiguas, representativas y poderosas que existen. Casi desde que el ser humano es considerado ser humano, ha utilizado esta disciplina para contar historias, transmitir mensajes y conectar con otros a nivel emocional y espiritual. Hoy en día, el teatro sigue siendo una herramienta imprescindible en la educación, especialmente en el ámbito escolar.

El título de esta obra que tienes en tus manos no podía ser más acertado: *Cuatro sueños más*. Y es que el teatro es algo parecido a un sueño, como dice su autor, porque una representación dramática es como vivir en un sueño, tanto si somos quienes la representamos; o bien como ver o vivir el sueño de otros, si es que somos espectadores. Juan José Alfaro Olmedilla ha hecho una labor extraordinaria y generosa, pues no solo ha sido creador, sino que ha puesto sus conocimientos de literatura, teatro y docencia al servicio de unas obras cuyo fin es que otros y otras profesionales de la educación encuentren material con el que llenar de contenido una actividad tan lúdica como didáctica.

La importancia de trabajar el teatro en las aulas de los colegios no puede ser subestimada. A través de la interpretación de obras creativas, los estudiantes tienen la oportunidad de desarrollar habilidades como la empatía, la creatividad, la comunicación y la colaboración. Además, el teatro les permite explorar diferentes perspectivas, ampliar su comprensión del mundo y fortalecer su autoestima. El Gobierno regional lucha cada día por crear un mundo más inclusivo, y las actividades dramáticas con el alumnado son uno de los caminos que llevan a un proceso madurativo en los chicos y las chicas que se encuentran en pleno periodo de descubrimiento de sí mismos.

Para ello, es fundamental que las obras de teatro que se trabajen en las aulas reflejen valores positivos y promuevan el respeto, la honestidad, la solidaridad y la tolerancia. Buenos ejemplos son las cuatro obras, estos *Cuatro sueños más*, que surcan jovialmente los textos clásicos grecolatinos, los clásicos españoles de nuestra Edad Media, los del Siglo de Oro o los clásicos modernos.

Ojalá este libro, y estoy seguro de que así será, sirva a docentes y estudiantes a aprovechar al máximo el potencial transformador del teatro en el ámbito educativo.

Prólogo

Julián Garde
Rector de la Universidad de Castilla-La Mancha

Una universidad que no ayuda y fomenta el teatro, si no está muerta, está moribunda. Me tomo la licencia de reinterpretar esta cita del genial García Lorca para comenzar estas breves palabras de presentación a un libro que nos hace especial ilusión editar desde Ediciones de la Universidad de Castilla-La Mancha por varias razones.

La primera, porque viene a sumar en un género donde se edita poco o muy poco: el teatro. Y lo hacemos con esa convicción de apoyar y fomentar este arte. Una universidad que forma parte del Festival de Teatro de Almagro; que acoge en su seno un centro de investigación referente a nivel internacional, como es el Instituto Almagro de Teatro Clásico; o que disfruta de grupos de teatro universitario en todos sus campus, es una universidad tan viva como reclamaba Lorca. Y en consecuencia no podíamos dejar escapar esta oportunidad que se nos brindaba.

Otra razón importante radica en que es una obra que surge desde el ámbito de las bibliotecas públicas, esos espacios dinamizadores de la lectura y la cultura, tan importantes y necesarios, y con los que tan a gusto colaboramos desde la Universidad de Castilla-La Mancha. Aliadas en la recepción de prácticas de nuestras y nuestros estudiantes; vertebradoras de la región, y muy en especial del medio rural, en un servicio importantísimo como es el acceso a la lectura y a la información; colaboradoras en la realización de cursos de verano, proyectos de investigación y otras actividades de extensión universitaria. Con este libro queremos agradecer esa complicidad que, sin duda, seguirá en el tiempo.

Y no quiero dejar de subrayar una última razón que justifica el interés por la publicación de esta obra coeditada junto a nuestro gobierno regional en virtud de un acuerdo firmado entre las dos instituciones: su autor, Juanjo Alfaro. Un bibliotecario cuya labor ha sido reconocida y galardonada a nivel regional y nacional, y que es egresado de nuestros másteres y cursos de posgrado, otro ejemplo más de talento UCLM.

Ojalá disfrutéis de la lectura de estas cuatro obras de teatro y, sobre todo, ojalá sirvan a colegios, institutos, asociaciones y bibliotecas como instrumento para convertir estos textos en la magia de las representaciones teatrales.

Introducción

Juan José Alfaro Olmedilla

Estimados amigos y amigas, lectores y lectoras:

Me gustaría antes de nada presentarme, mi nombre es Juan José Alfaro Olmedilla y soy ante todo, bibliotecario. Trabajo en la Biblioteca Municipal de Villar de Olalla en la provincia de Cuenca.

Llevo desde el año 1999 trabajando en esta biblioteca, aunque los que ya me conocen sabrán que otra de mis grandes pasiones, y podríamos decir que casi mi segunda profesión (fue la primera ya hace tiempo), es el Teatro. Desde el año 1986 llevo metido en este mundo, como aficionado al principio, luego un tiempo de forma más profesional, y aficionado con gran dedicación desde que empecé a trabajar en la biblioteca.

He hecho teatro de todo tipo, pero sobre todo he trabajado mucho con niños y niñas y he hecho mucho teatro infantil. Al principio, cuando me disponía a hacer alguna obra con niños, tiraba de obras ya escritas. Pero terminé por darme cuenta que esto me costaba un gran trabajo. Primero encontrar alguna que me gustara y gustara al grupo de niños que tuviera, y segundo, que se adaptara el número de personajes al número de niños y niñas actores y actrices que tuviera. Esto me hizo que muchas veces adaptara yo mismo los textos para amoldarlos a mis condiciones. Pero también costaba muchas veces demasiado trabajo.

Así que me dije... ¿y por qué no las escribo yo? Y de esta forma me lancé.

Son siete ya las obras que llevo escritas. Las tres primeras obras de teatro que escribí están englobadas en un libro titulado *Tres sueños* que editó la Junta de Comunidades de Castilla-La Mancha en el año 2018. Este libro lo podréis encontrar en cualquier Biblioteca Pública de Castilla-La Mancha.

Y ahora, la Universidad de Castilla-La Mancha me publica éste que tenéis en vuestras manos: *Cuatro sueños más*.

Como veis insisto en la palabra *SUEÑO*. Y es que el teatro no deja de ser eso, un sueño. Un sueño tanto para el que lo hace como para el que lo ve. Que unos actores y actrices sean capaces de transformarse a sí mismos y transformar un espacio, para que los que estamos viéndolos nos sumerjamos profundamente en una historia, me parece un acto mágico, en definitiva, un sueño.

Así que aquí van cuatro sueños más: *Érase una vez... Europa – Lo Esencial – Islas - Lucanor*

Espero que os gusten, que disfrutéis, y que se conviertan también para vosotros en un fantástico sueño.

Un abrazo.

ALGUNAS ACLARACIONES IMPORTANTES Y CONSEJOS

Como no podría ser de otra manera, si alguien decidiera representar alguna de estas obras de teatro, cosa de la que me sentiría enormemente halagado, siempre que no modifiquéis en gran manera el espíritu o mensaje de las obras, tenéis toda la libertad del mundo para cambiar lo que queráis, añadir o quitar personajes e incluso versionar de alguna manera el texto. Pero me gustaría daros algunas aclaraciones, orientaciones y consejos, que como ya digo, podéis seguir o no.

Si alguien decidiera representar alguna de estas obras me encantaría que os pusierais en contacto conmigo aunque solo sea por comunicármelo, y cómo no, por si os puedo orientar, aconsejar o aclarar cualquier cosa. Al final del libro pondré mi correo electrónico y otras formas de contactarme.

Como vais a ver pongo muchas acotaciones que siempre van en letra cursiva y entre paréntesis. Debéis tener en cuenta que cuando yo escribo estas obras directamente me las estoy imaginando ya representadas, por lo que intento describir al máximo la acción. Quizá abuse de las acotaciones, pero he decidido dejarlas tal y como están por si os pueden echar una mano a aquellos o aquellas que no estéis todavía muy acostumbrados a hacer teatro. Muchas son acotaciones de dirección y creo que os pueden venir bien. Por supuesto, como antes he dicho, si vosotros decidís cambiar cosas y dar rienda suelta a vuestra imaginación, no hay ningún problema.

Como ya dije en mi publicación anterior *(Tres Sueños)* para mí la música juega un importante papel en el teatro. Creo que refuerza enormemente la expresividad de las escenas además de que en muchas ocasiones la utilizo para reforzar o acompasar la acción de los personajes. Por eso encontraréis varias veces entre las acotaciones cosas tales como: *(Suena una música de cello – Suena una música graciosa – Suenan golpes de música...).* Por supuesto ahí podéis poner vosotros la música que queráis, aunque al final del libro dejaré mi correo electrónico por si queréis poneros en contacto conmigo ya que guardo todos los archivos de música utilizados en las obras (música que creo yo mismo a través de sintetizadores) y que no tendría problema en pasaros.

Como veréis también en muchas ocasiones elijo una música concreta y siempre pongo el título de las canciones que utilizo, que vuelvo a repetir, podéis utilizar esa o cualquier otra que os parezca bien.

Estas obras las he representado con niños y niñas entre los 10 y los 12 años, pero pueden ser perfectamente representadas por chicos y chicas más mayores, incluso, por qué no, por adultos.

Érase una vez...
Europa

Obra de Juan José Alfaro Olmedilla

PERSONAJES

ZEUS   Preferiblemente si es interpretado por un chico. Debe ser altivo y con gran presencia escénica.

EUROPA   Este personaje debe interpretarlo una chica. Su carácter, sobre todo con Zeus es un tanto rebelde. Después, cuando está con las Musas, puede parecer algo más ingenua pero siempre con mucha energía.

MUSAS   Preferiblemente si son chicas. Su personalidad dependerá de cada uno de sus nombres: **Esfuerzo:** Es la más fuerte de todas, su carácter es férreo. **Tolerancia:** Quizá la más tranquila, siempre buscando soluciones a los conflictos. **Solidaridad:** Como su nombre indica es la que más se entrega... y además, está enamorada de Zeus. **Imaginación:** Es la más soñadora y un poquito loca.

Estaría bien que a estos cuatro personajes se les diera bien bailar y también la gimnasia rítmica.

PERSONAJES DE LA TIERRA

Francés 1, Francés 2, Inglés 1, Inglés 2, Alemán 1, Alemán 2, Antón, Jordi, Vivaldi, Battiato, Grieg y Heavy Escandinavo. Representarán cada uno un poco los tópicos de sus países. Cuanta más vis cómica tengan, mejor. Tienen que hablar con el acento característico de cada uno de los países que representen, el propio texto ya lo he intentado escribir imitando ese acento.

Aclaración Importante: Cuando yo representé esta obra solo tenía a 4 niños/as para estos personajes, por lo tanto tuve que hacer que mismos actores doblaran personajes.

Esto puede llevar a confusión sobre todo hacia el final de la obra cuando un actor sale con todos los elementos (sombreros normalmente) que ha utilizado para interpretar a cada uno de los personajes, y según se va poniendo uno de ellos actúa y habla como ese personaje. Yo quise en esta escena dar la sensación de galimatías, algo así como una Torre de Babel, y me vino bien que se formara todo este jaleo en el que un mismo personaje habla y actúa de forma diferente según sea el sombrero (o elemento) que lleve puesto. Pero por supuesto si vosotros tenéis a un actor para cada uno de estos personajes, pues perfecto.

HOMBRES DE NEGRO

Preferiblemente si son chicos. Mínimo 4 y máximo 8. Ataviados de negro y con bigotillo hitleriano. Su expresión ha de ser muy marcial. No hablan.

ACTO I – EN EL OLIMPO

ESCENA 1 – PARLAMENTO DE ZEUS

(Se abre el telón. Música de un bajo de cello. Estamos en el Olimpo. Tules azules formando como nubes. Hay un trono. Humo. Se oye una voz en off)

VOZ OFF   Zeus en el Olimpo

(Aparece Zeus por un lado. Preocupado)

ZEUS   ¡Ay! Esto de ser el dios más poderoso y el que gobierna Cielo y Tierra... es un poco pesado. Todo son quejas, peticiones, tiene que estar uno en todo. *(Pausa. Camina preocupado)*

Poseidón con que si el agua a veces está fría. Menudo tiquismiquis.

Ares, que es un guerrero, siempre metiéndose en líos que luego me toca a mí arreglar.

Apolo y Afrodita, que siempre están con la cosa de que se ven gordos... Y yo, *(como hablándoles a ellos, paternal)* "que no, hijos míos, si sois guapísimos, guapísimos". Sin ir más lejos, Apolo, el otro día... *(Imitando a Apolo)* "¡Me ha salido un grano, me ha salido un grano!

Atenea siempre leyendo y pidiéndome libros y más libros, que yo ya no sé qué traerle. ¡Qué obsesión por la sabiduría!

Por no hablar de los hombres. ¡Ay, los hombres! Esos son los peores, siempre luchando, enfrentándose en absurdas guerras. Menuda me han liado ahora con la guerra de Troya. Pobres desdichados. ¿No se darán cuenta de que se vive mucho mejor en paz, sin tantas complicaciones? Pero no, tienen ansia de poder, de ganar, de dividir este hermoso planeta marcando absurdas fronteras.

Ojalá todos tomaran ejemplo de los Minoicos de Creta. Una civilización donde no existen las armas.

En fin. Algo tendré que hacer. Algo se me tiene que ocurrir para hacer que los hombres en vez de separarse, se unan. Siempre se dijo que la unión hace la fuerza. *(Pausa)*

¡Ay!... Es lo que digo, tiene que estar uno en todo. La verdad, es que tiene uno poco tiempo para descansar. *(Se sienta en el trono. Está un ratito sentado. Vemos que se aburre)*

El caso es que luego, estoy un rato descansando y me aburro. *(Se levanta)* Miraré un rato a los hombres a ver si encuentro algo que me entretenga.

(Se pone en el proscenio, mirando hacia abajo, como si ahí estuviera la Tierra. Hace gestos con las manos como si pasara de una imagen a otra, como en el móvil)

¡Mira!, una guerra. *(gesto con manos para pasar imagen)* Y otra aquí *(gesto)* Y otra... hala qué bestias. *(gesto)* Y otra... qué pesados, de verdad. *(Gesto. Algo le llama la atención)* ¡Un momento!... ¿Y esto?... Un grupo de bellas jóvenes bañándose en la playa. Vaya, qué divertido. ¡Mira esa! A parte de ser la más bella se le ve fuerte y decidida. Sí... tiene espíritu aventurero... *(Piensa)*

¡Un momento! ¿Y si bajara a por ella? *(Piensa)* Se me está ocurriendo algo... Si bajo a por ella quizás pueda ayudarme en este plan que tengo para unir a los pueblos... Pero claro... Para presentarme ante los humanos he de transformarme en algún animal... *(Piensa)* ¡Ya está! Un toro, sí un hermoso toro blanco. Espero que mi esposa Hera no se enfade. Esta vez este rapto será para un buen fin. *(Vuelve a mirar hacia abajo desde el proscenio)* ¡Este es el momento, se ha quedado sola!

(Oscuro. Cambio de escena. Música. Se quitan los tules. Suena sonido de olas de mar)

ESCENA 2 – EL RAPTO DE EUROPA

(Sube la luz. Continúa sonido de olas de mar. Se ve a Europa tumbada, como tomando el sol. Aparece Zeus transformado en un toro blanco. Toro blanco: hecho con cabeza de toro con un palo. Sobre la cabeza va una tela blanca que cubre a Zeus. Europa ve al toro)

EUROPA ¡Por los dioses del Olimpo! ¡Un toro!

(Se sucederá ahora una coreografía de persecución y requiebros de Europa a Zeus. Hasta que Zeus la atrapa. Europa cae al suelo y Zeus pondrá encima de ella uno de sus pies)

EUROPA *(Grita)* ¡Socorro! ¡Auxilio! ¿Quién eres? ¡Suéltame, suéltame, maldito bicho!

ZEUS No soy ningún bicho. Soy Zeus, dios de los dioses y los hombres.

EUROPA ¿Zeus? ¿Y por qué apareces como un toro blanco?

ZEUS Es mi forma de presentarme ante los humanos, Siempre en forma de animal.

EUROPA Eso... ¡Animal!, un animal es lo que eres.

ZEUS ¡Calla, insolente humana! ¿Cuál es tu nombre?

EUROPA Europa. Mi nombre es Europa

ZEUS Ahora, vendrás conmigo.

EUROPA ¿A dónde?

ZEUS A Creta. Quiero que conozcas a los Minoicos. Y después, al Olimpo.

EUROPA ¿Y si me niego?

ZEUS No puedes hacerlo. Soy Zeus, dios de los dioses, tu dios, no puedes hacer nada contra mi poder.

EUROPA Pero esto es un rapto en toda regla.

ZEUS Sí. Un rapto. El rapto de Europa. Pero tú, bella joven, estás destinada a hacer algo muy grande.

EUROPA ¿Yo? Si solo soy una simple mortal

ZEUS Sí, pero tienes carácter. Se te ve muy inquieta y con ganas de aventura. Tengo preparada para ti una gran misión.

(Oscuro. Suena una voz en off)

VOZ OFF Zeus raptó a la bella y joven Europa y la llevó a Creta. Allí conoció a la civilización Minoica. La civilización más pacífica de la historia que nunca conoció las armas. Estudió y aprendió de ellos y cuando Zeus consideró que ya estaba preparada, la llevó con él al Olimpo.

(Música. Durante el oscuro y la voz en off se hace el cambio de escena. Pasamos de nuevo al Olimpo. Se colocan los tules azules. Humo)

ESCENA 3 – ZEUS Y EUROPA EN EL OLIMPO

(Zeus entra primero. Llama a Europa)

ZEUS Entra Europa. No tengas miedo.

EUROPA ¡Por todos los dioses! ¡Qué fantástico lugar!

ZEUS Mi querida Europa. Estás en el Olimpo, morada de los dioses. No solemos traer a los humanos aquí. Pero tú, ahora, eres especial.

EUROPA ¿Qué queréis de mí, mi señor?

ZEUS *(Acerca a Europa al proscenio y miran hacia abajo, a la Tierra)* Mira. Quiero que veas esto. ¿Qué ves ahí?

EUROPA ¡Oh! ¡Qué bello continente!

ZEUS Ese continente llevará tu nombre, Europa. Pero, observa mejor.

EUROPA ¡Por los dioses del Olimpo! ¡Están enfrentados! ¡No hacen más que pelear!

ZEUS Esa será tu misión. Has de unir ese continente. De las mil culturas has de hacer una sola Europa. Es una tarea difícil porque cada cultura ha de conservar su identidad, pero hemos de encontrar lo común, lo que les une y les hace fuertes.

EUROPA ¿Y cómo podré hacerlo yo sola?

ZEUS No vas a estar sola. Tendrás mi ayuda. Y también...

(Suena una música. Ritmo ¾ - ⅜. Aparecen las Musas con una danza)

ESCENA 4 – PRESENTACIÓN DE LAS MUSAS

(Las Musas terminan su danza alrededor de Zeus y Europa)

EUROPA ¿Y vosotras quiénes sois?

ZEUS Son Musas. Representan cuatro valores esenciales. Los más importantes para tu misión.

(Las Musas comienzan a presentarse. Cada una irá tomando de las manos a Europa para hacerlo)

ESFUERZO Yo soy la Musa del Esfuerzo. Yo te enseñaré a no rendirte. Te enseñaré a levantarte cada vez que caigas. Haré que en tu mente esté siempre la Constancia, el Empeño, que quieras siempre acabar lo que empezaste.

(La toma Tolerancia)

TOLERANCIA Yo soy la Musa de la Tolerancia. Yo te enseñaré el Respeto. Te enseñaré a mirar a los ojos y ver siempre lo que hay dentro. Lo que a los humanos os une es precisamente eso, ser humanos. No te quedes con el color de la piel ni con la forma de ser. Busca siempre en el interior.

(La toma Solidaridad)

SOLIDARIDAD Yo soy la Musa de la Solidaridad. Yo te enseñaré a ser Generosa. A que te entregues por los demás. Y donde más generosa has de ser es con tu propia experiencia. Entrega lo que sabes para que los demás también sepan.

(La toma Imaginación)

IMAGINACIÓN Yo soy la Musa de la Imaginación. Yo te enseñaré la Creatividad. Te enseñaré a crear. A buscar salidas a las situaciones difíciles. Yo te enseñaré a pensar. Y te daré la facultad del Saber y del Arte, para que todo lo que hagas sea bello.

ZEUS Esfuerzo, Tolerancia, Solidaridad e Imaginación. Ellas cuatro te ayudarán. Serán tus consejeras y amigas. No te separes nunca de ellas. Pero estad atentas, todas... ¡Escuchad! *(Las reúne en un círculo)* Tenéis que tener cuidado con los Hombres de Negro. Ellos querrán destruir todo lo que vosotras hagáis. ¡No lo olvidéis! ¡Los Hombres de Negro!

Yo ahora me voy. Son muchos más asuntos los que me esperan. Recordad... ¡Los Hombres de Negro!

(Zeus se va. Quedan solas Europa y las Musas)

ESCENA 5 – EUROPA Y LAS MUSAS

(Esperan a que Zeus se haya ido. Europa queda sentada, observando a las Musas

IMAGINACIÓN ¡Por fin, chicas! Ya se ha ido el jefe. Ahora podemos dar rienda suelta a nuestra imaginación. *(Dando vueltas por el escenario como loca. La para Esfuerzo)*

ESFUERZO Tranquila, tranquila, Imaginación. Tú siempre la loca de la casa.

IMAGINACIÓN ¡Ay Esfuerzo! A veces eres demasiado responsable.

TOLERANCIA Venga, venga, chicas, tranquilas. Ya sabéis que el respeto debe siempre reinar entre nosotras.

SOLIDARIDAD *(Enamoradiza)* ¡Ay! Pues yo lo daría todo por él.

ESFUERZO Tú, Solidaridad, siempre dándolo todo, eres única.

SOLIDARIDAD Es mi sino... soy muy solidaria.

IMAGINACIÓN Somos las elegidas de Zeus, y eso nos da un gran prestigio. Pero debemos ser también nosotras mismas. Nosotras lo tenemos todo, la Imaginación, la

Solidaridad, la Tolerancia y el Esfuerzo *(señalando a cada una de ellas)*. Debemos confiar en nosotras, en nuestra intuición.

(Durante toda esta conversación Europa queda sentada, como en un segundo plano, mirando a una y a otra según hablan. Parece que no se acuerdan de ella).

ESFUERZO   *(Enfática)* Y no perder nunca la meta de vista. Luchar y luchar por ella.

(Europa se levanta y se va acercando a cada una de ellas según hablan, para decirles algo, pero la cortan y siguen hablando)

TOLERANCIA   No sólo somos las elegidas de Zeus. Él nos creó expresamente para este trabajo.

SOLIDARIDAD *(Que sigue un poco a su aire)* ¡Ay! Qué buen gusto tiene.

ESFUERZO   Con estos valores haremos un gran trabajo.

IMAGINACIÓN Y con el paso del tiempo, nuestros nombres serán escritos en grandes letras.

(Europa, por fin, logra interrumpir)

EUROPA   Un momento, por favor. *(Todas la miran)*

ESFUERZO   ¡Uy! Pero si casi nos olvidamos de ti. ¡Hay que concentrarse, chicas!

IMAGINACIÓN ¡Oh, bella Europa! Tú también eres la elegida por Zeus. ¡Qué suerte tienes!

EUROPA   *(Preocupada)* No sé... estoy un poco asustada.

TOLERANCIA   ¿Por qué, linda Europa?

EUROPA   ¿Creéis que yo, una simple mortal, será capaz de realizar una misión como la que Zeus me ha encomendado? *(Todas las musas se miran entre sí. Piensan)*

ESFUERZO   El temor es bueno, pequeña Europa, porque te hace prudente. ¡Pero te enseñaremos a superarlo!

EUROPA   Pero vosotras parecéis más preparadas, más dispuestas. Insisto, yo soy una simple humana.

IMAGINACIÓN Precisamente sois los humanos los únicos que tenéis la capacidad de cambiar las cosas. Nosotras sólo somos vuestra inspiración. Somos los valores que siempre debéis llevar con vosotros, pero nosotras, por sí solas, no podemos hacer nada.

EUROPA   Pero... ¿por dónde empiezo? ¿Qué tengo que hacer?

ESFUERZO   Lo primero que debes hacer es desearlo con todas tus fuerzas.

IMAGINACIÓN Desearlo y soñarlo. Imaginar esa meta, esa locura... y después poner tu inteligencia para poder llevarla a cabo.

TOLERANCIA   Estate tranquila, Europa. Entre todas prepararemos un buen plan.

SOLIDARIDAD *(Que ensoñadora se quedó al lado del proscenio, mirando hacia abajo)* Pues chicas. Creo que debemos darnos prisa, porque esto se está poniendo un poquito feo.

(Todas se acercan al proscenio y miran)

ESFUERZO   ¡Dichosos humanos! Siempre peleando. Tan grandiosos para algunas cosas y tan irresponsables para otras.

EUROPA *(Todavía no demasiado convencida)* ¡Pero mirad! ¿Qué puedo hacer yo? Ellos tienen armas. ¿Qué armas tengo yo?

IMAGINACIÓN ¿Armas? Tú tienes el arma más poderosa, mi querida Europa: LA PALABRA. La palabra es el arma de los humanos para aproximarse unos a otros.

TOLERANCIA ¡Hay que actuar rápido. Esto es intolerante!

EUROPA ¿Y los hombres de negro? Acordaos de lo que dijo Zeus. ¿Quién son los hombres de negro?

ESFUERZO ¡Piensa, Imaginación, piensa! ¿Cuál debe ser nuestra meta?

(Imaginación compondrá un gesto de pensar. Suena la música de Imagine de John Lennon. Hay un cambio de iluminación. Esfuerzo ha pasado a por un taburete, mesa o algo, tapado con una tela, donde Europa se subirá. El resto de musas compondrán algún tipo de cuadro escénico)

IMAGINACIÓN *(Alrededor de Europa)* Nuestra meta es ambiciosa, pero no debemos acobardarnos. Imagino una Europa unida, donde no haya fronteras. ¡Ven aquí Europa! ¡Imagina tú!

(Europa se subirá a la mesa o taburete que se haya puesto. Imaginación comienza una danza sobre la música de Imagine alrededor de Europa)

IMAGINACIÓN ¡Vamos piensa! Yo soy tu inspiración. ¡Imagina!

(Imaginación continúa con la danza alrededor de Europa)

EUROPA Imagino que no hay nada por lo que matar o morir. Imagino un continente viviendo en paz. Imagino que no existe el hambre. Imagino a los hombres compartiendo el mundo. Dónde existan mil culturas, pero una sola Europa.

(Dejaremos que suene todavía un poco de la música Imagine de John Lennon. Si da para que termine la canción, pues bien, si no, la iremos quitando poco a poco. Durante la danza, el resto de musas irán muy lentamente andando hacia el proscenio y quedarán ahí hasta que termine la música y la danza. Una vez haya terminado, Tolerancia, Esfuerzo y solidaridad harán un gran gesto de sorpresa)

TODAS (Esfuerzo, Tolerancia y Solidaridad)
¡Vamos! ¡Deprisa! Esto es más serio de lo que parece.

IMAGINACIÓN ¡Ahora todas, chicas! ¡Tú también, Europa!

(Sonará la música de la aparición de las musas con ritmo de ¾ o 6/8, y todas juntas harán una danza. Termina la danza)

ESFUERZO Todas unidas. Con Esfuerzo. *(Compone un gesto de esfuerzo y queda como estatua)*

TOLERANCIA Con Tolerancia. *(Compone gesto de Tolerancia y queda como estatua)*

SOLIDARIDAD Con Solidaridad. *(Compone un gesto de solidaridad y queda como estatua)*

IMAGINACIÓN Y con mucha Imaginación lo lograremos. *(Compone un gesto de Imaginación y queda como estatua)*

(Europa vuelve a subirse a la mesa)

EUROPA ¡Adelante! ¡Yo me dejaré llevar por vosotras! *(Compone otro gesto)*

(Entre las 5 harán una composición escénica en estatua. Suena una música y poco a poco se va haciendo el oscuro)

ACTO II – EN LA TIERRA

ESCENA 1 - 1ᵉʳ ENCUENTRO – La lengua

(Escenario vacío. Fondo negro. Por la derecha del escenario aparecen dos personajes [franceses] y por la parte izquierda, también otros dos [ingleses], al mismo tiempo. Esta aparición ha de coincidir con un toque divertido de pizzicato de violín. Después, con una musiquita graciosa también a base de pizzicato de violín, harán un juego de apariciones y desapariciones por distintas partes del escenario. Unos entran poco a poco, como buscando y asustados. Aparecen los otros, aquellos se van corriendo, y lo mismo para los segundos. Con la musiquita unos entran de espaldas por un lado y los otros por otro lado de espaldas también. Chocan en el centro. Se asustan y se van corriendo).

(Calma. Ya sin música) (Entran dos personajes. Franceses ataviados con la típica boina francesa. Entran sigilosamente. Hablan con acento francés)

FRANCÉS 1 ¿Quiénes eran esos?

FRANCÉS 2 Je ne se pas. Je ne se pas.

FRANCÉS 1 Seguro que son los del país de al lado. ¿Qué harían por aquí?

FRANCÉS 2 Je ne se pas. Je ne se pas.

FRANCÉS 1 *(Asustado)* Y... ¿Si han venido a invadirnos?

FRANCÉS 2 Je ne se pas. Je ne se pas.

FRANCÉS 1 Hijo. Qué pesado! Siempre con el Je ne se pas. Je ne se pas... *(se oye un ruido)* Mira, por ahí vienen otra vez. Corre, escondámonos.

FRANCÉS 2 *(Se queda como paralizado del miedo. Tiembla)* Je ne se pas. Je ne se pas.

FRANCÉS 1 *(Lo empuja)* Déjate de tonterías y corre, vamos a escondernos. *(Se esconden)*

(Entran sigilosamente los otros dos personajes. Son Ingleses. Pueden llevar gorra inglesa o casco característico de policía inglés. Hablan con acento inglés)

INGLÉS 1 ¿Quiénes eran esos?

INGLÉS 2 I don't know. I don't know.

INGLÉS 1 Seguro que son los del país de al lado. ¿Qué harían aquí?

INGLÉS 2 I don't know. I don't know.

INGLÉS 1 Y... *(Asustado)* ¿Si han venido a invadirnos?

INGLÉS 2 I don't know. I don't know.

INGLÉS 1 Hija, qué pesada, siempre con el I don't know. I don't know.

(Oyen ruido entre bastidores)

INGLÉS 1 Creo que vienen. ¿Qué hacemos, nos quedamos o nos vamos?

INGLÉS 2 *(Asustado, temblando)* I don't know. I don't know.

INGLÉS 1 ¡Nos quedamos!

(Entran los otros personajes. Música de tensión. Se miran. Se van acercando los unos a los otros. Van dando pasos hasta acercarse y ponerse de frente los unos a los otros)
(El Inglés 1 y el Francés 1, siguiendo la música de tensión, levantarán la mano derecha poco a poco, parece que van a pegar a los otros personajes. Pero acabará la música cuando tengan la mano en alto y saludarán)

INGLÉS 1 ¡Hello!

FRANCÉS 1 *(Cara de sorpresa. Mirando a su compañero. No entiende nada)* ¿Qué ha dicho? ¿He, he, he, he.... qué?

FRANCÉS 2 Je ne se pas. Je ne se pas.

FRANCÉS 1 ¡Salut!

INGLÉS 1 *(Cara de sorpresa. Mirando a su compañero. No entiende nada)* ¿Qué ha dicho? ¿Sa, sa, sa, sa.... qué?

INGLÉS 2 I don't know. I don't know.

FRANCÉS 1 Je me apelle....

(En ese instante sonará a gran volumen la música de El Muro de Pink Floyd. Saldrán a escena 4 o 5 personajes a ritmo marcial, totalmente vestidos de negro y caracterizados como Hitler, llevarán pintado un bigotillo. Portan grandes ladrillos, que pueden ser cajas grandes pintadas como tales. Darán alguna vuelta a ritmo marcial por el escenario. Uno de ellos parece el jefe. Éste llegará y se pondrá en medio de los otros personajes y con unos empujones los separará. Después, gesticulando con los brazos, les dirá que unos

se vayan para un lado y otros para otro. Los personajes lo hacen asustados. Después y al ritmo de la música, entre todos, construirán un muro con los ladrillos. Se marchan marcialmente)

ESCENA 2 – Europa tira el 1er muro

(La música de Pink Floyd se ha ido fundiendo con una música triste. Entra Europa. Sola. Ve el muro. Pasea a su alrededor)

EUROPA ¡Qué tarea más ingente! ¿Y ahora, qué voy a hacer yo? ¿Cómo destruyo este muro? ¿Con mis manos? ¡No tengo la fuerza suficiente! *(Intenta quitar un ladrillo, pero no puede)*

(Aparecen las Musas)

IMAGINACIÓN ¿Te olvidas de nosotras?

ESFUERZO Con empeño, constancia y esfuerzo, todo se puede.

TOLERANCIA *(Mirando el muro)* Los muros no permiten mirarse a los ojos.

SOLIDARIDAD Ya sabes. Se trata de entregarte.

(Comienza la música de presentación de las Musas. Bailan alrededor del muro y de Europa. Mientras bailan, Europa va quitando ladrillos. Al principio le cuesta mucho, parecen pesados, pero poco a poco le resulta más liviano. Incluso al

final los empuja y el muro cae. Europa se une a la danza con las Musas. Poco a poco irán recogiendo los ladrillos y llevándoselos)

IMAGINACIÓN ¡Un muro menos!

ESFUERZO ¿Te ha sido difícil?

EUROPA Bueno... Al principio me costó un poco.

TOLERANCIA ¿Notaste nuestra ayuda?

EUROPA Sí. Sin vosotras hubiera sido imposible.

SOLIDARIDAD No te preocupes. Siempre estaremos a tu lado.

EUROPA ¿Pero es que aún hay más?

IMAGINACIÓN Sí. Sigue habiendo muchos muros y fronteras. Europa, tu labor es derribarlos.

EUROPA Y... ¿esos de los ladrillos? imagino que serían los Hombres de Negro.

ESFUERZO Sí. Esos son. Siempre empeñados en dividir. Sigamos observando, chicas. Veamos qué más sucede.

(Con su típica danza y música, salen del escenario) (Oscuro)

ESCENA 3 – 2º ENCUENTRO – La comida

*(Un personaje, al que llamaremos **Antón**, ataviado con un sombrero cordobés, asoma su cabeza por el lado izquierdo del escenario. Mira observando el espacio. Parece cerciorarse de que no hay nadie. Asoma su cabeza con igual actitud desde otros puntos del escenario, tras los telones. Hasta que se decide a salir) (Se coloca en el centro del escenario) (Habla con un marcado acento andaluz)*

ANTÓN Bueno, parece que esto está tranquilo. No hay nadie que nos moleste. *(Se quita el sombrero y se abanica)* ¡Offú mi arma! ¡Qué caló! ¡Es insoportable este caló! *(Pausa. Mira el reloj)* Pero dónde ze habrá metío el dichozo Jordi este... *(Lo llama)* ¡Jordi! ¡Jordiii!

JORDI *(Entre bastidores)* ¡Ja vaig, ja vaig!

ANTÓN ¡Vamos hombre! No tenemos todo er día.

JORDI *(Aparece, viste una barretina, el típico gorro catalán. Marcado acento catalán)* Ja soc aquí.

ANTÓN A ver. ¿Has traído el cuaderno?

JORDI Sí, sí. Aquí ho tinc.

ANTÓN Pues venga, apunta: Ingredientes para una verdadera y auténtica Tortilla Española.

JORDI *(Repitiendo lentamente mientras copia)* Ingredientes para una verdadera...

ANTÓN ¡Más deprisa mi arma!

JORDI Oye Antón.

ANTÓN ¿Qué?

JORDI ¿Amb pa amb tumaquet?

ANTÓN Sí, sí. Con pan tumaca, sí. No te preocupes, que luego le ponemos pan con tomate. Venga, pero céntrate. A ver, escribe... Patatas de las buenas.

JORDI Amb pa amb tumaquet

ANTÓN ¡Que siiiiiiiii! A ver sigue: Huevos de corral, de los buenos, recién cogidos y de gallinas criadas en suelo.

JORDI Amb pa amb tumaquet.

ANTÓN ¡Que siiiiiiiiiiiiiii! ¿Quieres centrarte? Haz el favó. Apunta: Aceite de oliva virgen, del bueno, bueno, bueno. De Jaén

JORDI Amb pa amb tumaquet.

ANTÓN ¡¡¡¡Que siiiiiiiiiiiiiiiiiiii!!!! ¡¡Pezao, que eres un pezao!!

(Se oyen voces entre bastidores. "Suban, estrujen, bajen".
Son los personajes alemanes)

ANTÓN Alguien viene Jordi. ¡Vámonos de aquí!

JORDI Vale, vale, pero como se te olvide el pa amb tumaquet...

ANTÓN ¡Que nooooo, que no se me olvida. ¡Corre, escondámonos! *(Se esconden)*

(Los personajes alemanes irán ataviados con gorros típicos de Baviera. Uno de ellos asoma su cabeza por el lateral derecho. Mira, observa. Vuelve a asomar su cabeza por detrás de las telas por distintas partes del escenario. Los dos personajes alemanes han de tener marcado acento alemán. Sale el Alemán 1 y se coloca en el centro del escenario)

ALEMÁN 1 Parece que esto está tranquilen... Dónden se habrán metiden Marlen ahoren. Dichosa Marlen, siempre tardanden. Siempre con la birren, cervecen... ¡Marlen!, ¡Marlen!

(Se oye un fuerte hipo entre bastidores. ¡¡Hiiiiip!!

ALEMÁN 1 ¿Marlen? ¿Eres tú? ¡Sal aquí inmediatamenten! ¡No tenemos todo el dien!!

(Aparece Marlen. Tiene un hipo exagerado)

MARLEN ¡¡¡HIIIIIIP!!!

ALEMÁN 1 ¿Trajiste la libreten?

MARLEN ¡¡¡HIIIIIIIIIIP!!!, digo, Sien, sien.

ALEMÁN 1 ¡Pues apunten! Ingredienten de la salchichen alemanen.

MARLEN *(Copiando y repitiendo despacio)* Ingredienten, ¡¡Hiip!! de la salchichen, ¡¡Hiiip!!...

ALEMÁN 1 ¡Más deprisen, más deprisen!

MARLEN No olviden, ¡¡Hiiip!!, la Birren de, ¡¡Hiiip!! Bavieren.

ALEMÁN 1   Sí, sí, sí. No olviden. ¡Escriben!: Grrranden Salchichen.. *(Haciendo gesto con las manos de lo grande que debe ser la salchicha)*

MARLEN   La, ¡¡Hiiip!! Birren, ¡¡Hiiip!! de Bavieren.

ALEMAN 1   ¡Que siiiiiiii! La Birren, la Birren. ¡A ver!: Grrranden Salchichen. Pan blanditen.

MARLEN   La, ¡¡Hiiip!! Birren, ¡¡Hiiip!! de Bavieren.

ALEMÁN 1   ¡Que siiiiiiiiiii! ¡Qué pesadezen! ¡A ver! Que se me olviden todo lo que he dichen... Grrrranden Salchichen, Pan blanditen, y... ¡mostacen, muuucha mostacen!

MARLEN   Y la, ¡¡Hiiip!!, Birren, ¡¡Hiiip! de Bavieren.

ALEMÁN 1   ¡¡Como vuelven a repetiren la Birre de Bavieren, te suelto un sopapen!!

(Alguien se oye entre bastidores)

ANTÓN   *(Entre bastidores)* ¡¡¡Jordiiiiiiii!!!

ALEMÁN 1   ¡Un momenten!! ¡¡Alguien vienen!! *(Los dos personajes se asustan)*

MARLEN   ¡¡Hiiiiip!!. la..... *(El Alemán 1 le tapa la boca)*

ALEMÁN 1   ¡Calla pesao! *(Le mantiene la mano en la boca todo el tiempo)* ¿Qué hacemos, nos vamen o nos quedamen?

MARLEN   *(Hace gestos con la cabeza diciendo que no porque no puede hablar, el Alemán 1 no le suelta la boca. Después hace gestos con las manos diciendo que han de marcharse)*

ALEMÁN 1   ¡Pues nos quedamen! *(Le suelta la mano de la boca)*

MARLEN   *(Se queda un rato parado, sorprendido, porque se la ha quitado el hipo)* ¡¡Se me quité el hipen, se me quité el hipen!!

(Por el otro lado del escenario ha salido de nuevo el personaje Antón. En el momento que Antón salga el Alemán 1 volverá a tapar la boca de Marlen. Asustados, miran a Jordi)

ANTÓN   ¡¡Jordiiii!!, Sal ya pa cá, hombre!! *(Lleva en un plato una tortilla de patatas o un trozo con los palillitos pinchados)* *(Sale de espaldas y no ve al Alemán 1 y a Marlen)* Yo ya tengo la tortilla. ¿Tienes tú el pan tumaca?

JORDI   *(Saliendo. Lleva en un plato una rebanada de pan con tomate)* Sí, sí, ya tengo el pa.... *(Queda paralizado porque él si ve a los otros personajes)* *(Hace un gesto para advertir a Antón, como diciendo, "ahí están")*

ANTÓN   ¿Qué paza?

JORDI   *(Sigue haciendo gestos, señalando con la cabeza)*

ANTÓN   ¿Pero qué te paza, mushasho, te has quedado mudo?

JORDI   *(Vuelve a hacer gesto con la cabeza pero ya señala también con la mano)* Mi, mi, mi, mira... date la vuelta.

(Antón se da la vuelta poco a poco) (Cuando se da la vuelta del todo, se asustan, todos los personajes, los unos y los otros y comienza una música de tensión) (Los personajes van andando poco a poco hasta que coinciden en el centro del escenario)

ANTÓN   Buenos días. *(Dirigiéndose a los alemanes)*

ALEMÁN 1   Guten morgen.

(Momento de tensión. Se miran unos a otros. Continúa la música. Cesa la música y habla Antón)

ANTÓN *(Ofreciéndoles tortilla)* Qué digo yo... si gustan de un pinshito de tortilla española.

(Uno de los personajes va a coger un trozo, cuando de repente, vuelve a sonar a todo volumen la música de El Muro de PInk Floyd y vuelven a salir los Hombres de Negro. La acción que harán será la misma que la primera vez que salieron. Separan a los personajes y construyen el muro) (Se van los Hombres de Negro)

(Música triste. Aparece Europa)

EUROPA ¡Uff! Otro muro. ¿No se cansarán de poner barreras? *(Prueba a coger un ladrillo. No puede)* ¡Uff!. Este muro es mucho más sólido que el anterior. Cada vez los construyen más a conciencia.

(Aparece Esfuerzo)

ESFUERZO ¿Qué ocurre Europa?

EUROPA Este muro es demasiado pesado, Esfuerzo. No sé si voy a poder con él.

ESFUERZO Escucha Europa. Nadie dijo que esto fuese fácil. Pero has de esforzarte y ser constante, para eso estoy yo aquí. Yo te daré la fuerza. *(Llama al resto de las Musas)* ¡Imaginación, Tolerancia, Solidaridad! ¡Venid aquí! *(Aparecen)*

TOLERANCIA Vaya... otro muro.

SOLIDARIDAD No se cansan, son así.

ESFUERZO Este muro necesita mucho esfuerzo para destruirlo. Yo soy el Esfuerzo y la Constancia. Yo le ayudaré. Pero voy a necesitar vuestro apoyo, Imaginación, Tolerancia y Solidaridad.... ¡Imaginación, haznos volar!

IMAGINACIÓN ¿Preparadas?

(En este momento comenzará una música. La Musa Esfuerzo comenzará una danza con ejercicios de gimnasia rítmica alrededor de Europa. En un momento al comienzo de la danza, habla Esfuerzo y anima a Europa)

ESFUERZO ¡Ahora conmigo, Europa!

(Europa y Esfuerzo continúan la danza de gimnasia rítmica, van quitando ladrillos y se los van dando a las otras Musas que se los llevan)

(Poco a poco, conforme van danzando y deshaciendo el muro, se va haciendo el oscuro)

ESCENA 4 – 3er ENCUENTRO – La música

(Sobre el oscuro sonará el Otoño de Vivaldi) (Por la derecha del escenario aparece un personaje, Vivaldi, ataviado con peluca barroca, dieciochesca, de carnaval veneciano y se pone en el centro del escenario a dirigir la orquesta. Marcado acento italiano en los dos personajes: Vivladi y Battiato)

VIVALDI *(Dirigiendo la orquesta)* ¡Battiatooo! ¡Battiatoooo! Escuchare esta bela música

BATTIATO *(Apareciendo y haciendo gestos como que no escucha nada. Ataviado con gafas negras de pasta)* ¿Cuale música?

VIVLADI Es la mía última composicione. Escucha.

BATTIATO Me piace más Franco Battiato.

(Se interrumpe bruscamente la música de Vivaldi y suena Franco Battiato "Busco el centro de gravedad permanente". El personaje Battiato se pone a bailar)

VIVALDI *(Que lo mira atónito durante unos instantes)* ¡Alto! ¡Finito! ¡Finito! *(Para la música de Battiato)* ¿Ma cuale música es esta? Per favore, per favore. Andiamo presto. ¡Música maestro!

(Suena en esta ocasión la Primavera de Vivaldi. Se pone igual que antes a dirigir la orquesta)

BATTIATO *(Cara de enfadado. Grita)* ¡¡Basta!! ¡¡¡Battiato!!! *(Se interrumpe bruscamente Vivaldi y vuelve a sonar Battiato. Baila)*

VIVALDI ¡¡Finito!! *(Para la música de Battiato) (Enfadado)* Io sono Antonio Vivaldi. ¿Cuale bodrio de música es esta? ¡Vivaldi! ¡Vivaldi!

(Vuelve a sonar la Primavera de Vivaldi y se pone a dirigir la orquesta. Poco a poco esta música ira bajando. Se oirán entonces golpes musicales y a su ritmo entra por el lado izquierdo del escenario un personaje con gorro Vikingo. Vivaldi y Battiato, al verlo entrar, huyen despavoridos) (Los personajes de la siguiente escena son Edward Grieg y un músico Heavy. Son Escandinavos, Vikingos) (Marcado acento brusco)

GRIEG Yo serrrr vikingo norrruego. Llamarrrr Edward Grieg. Y aunque tenerrrr fierrro aspecto, yo componerrrrr bella música.

(Suena la Mañana de Peer Gynt de Edward Grieg. Grieg se pone en el centro del escenario a dirigir la orquesta) (La música de Grieg se corta por un estridente sonido de guitarra eléctrica de Heavy Metal. Aparece el otro personaje con una guitarra eléctrica en plan heavy metal)

HEAVY Mejor heavy metal escandinavo. *(Vuelve a sonar la guitarra heavy)*

GRIEG *(Queda perplejo)* ¡¡Horrrrror!! ¡¡Parrrrarrrr!! ¡¡Parrrarrrr!! *(Cesa la guitarra heavy)* ¡¡Tu grrran bestia, borrrrico!! ¡Eso no serrrrr música! ¡Esto serrrrr música!

(Vuelve a sonar la Mañana de Peer Gynt. Grieg dirige la orquesta. Va bajando la música y vuelve a sonar la guitarra heavy)

HEAVY ¡No! Hevay Metal Escandinavo *(Sigue sonando guitarra heavy)*

(Para música y entra Vivaldi)

VIVALDI ¡Un instante, caballieri!

(Los dos vikingos se miran sorprendidos)

GRIEG ¿Quién serrrrr? *(El personaje Heavy simplemente encoje los hombros)*

VIVALDI Excusa. Yo oíre la sua música. ¡Preciosa, bella, exquisita! ¡Yo le invito a que escuche la mía música, la mía Primavera! ¡Música maestro! *(Vivaldi se dispone en el centro del escenario a dirigir la orquesta, pero en vez de sonar su Primavera, vuelve a sonar a gran volumen el Muro de Pink Floyd)*

(De forma marcial vuelven a entrar los hombres de negro con sus ladrillos. Uno de ellos separa a los músicos. Comienzan a construir de nuevo el muro. Pero poco a poco, algo pasa, mezclada con la música de Pink Floyd se empieza a oír poco a poco la música general de las Musas. Los hom-

bres de negro se miran sorprendidos, pero siguen a lo suyo, construyendo el muro. Llegará un momento que sonará solo la música de las Musas, y saldrán todas, junto con Europa, y comenzarán a danzar alrededor de los hombres de negro y del trozo de muro que tengan construido hasta el momento. Habrá que componer una coreografía en la que las Musas y Europa impidan de alguna forma que los hombres de negro construyan el muro. Poco a poco los hombres de negro irán cayendo al suelo, las Musas y Europa continúan la danza y poco a poco se irá haciendo el oscuro)

ACTO III – LA UNIÓN

(Sobre el oscuro anterior se irá iluminando muy poco a poco la escena con un foco cenital. Se verá sola a Europa tendida en el escenario, como dormida. Termina de subir la luz y Europa despierta, bostezando, cansada)

EUROPA *(Despertando. Desconcertada)* ¿Dónde estoy?... ¿Qué ha pasado? *(Se levanta. Se toca. Mira para todos los lados)* ¿Dónde están todos? *(Un poco asustada mira entre bastidores por ambos lados)* Pero... ¿Y los hombres de negro?... *(Vuelve a mirar por todos lados)* ¿Y las Musas?... *(Las llama)* ¿Musas?.... ¿Imaginación?... ¿Esfuerzo?... ¿Solidaridad?.... ¿Tolerancia?... ¿Dónde estáis todas?... ¿Qué está pasando aquí? *(Queda un momento como parada, paralizada. Se huele algo)* ¡Un momento!... ¿Qué ocurre aquí?... ¿Y si todo esto ha sido un sueño?... ¿Un sueño?... ¿Pero cómo va a ser un sueño?... Si Zeus me hizo un encargo... *(Vuelve a moverse por el escenario. Llamando a Zeus y a las Musas)*. ¡Zeus!... ¡Musas!... ¿Dónde estáis?... ¿Qué pasa?... ¿Por qué me abandonáis ahora?.... ¡¡Esto no puede ser un sueño!! *(Cae derrotada en el centro del* *escenario. Llora. Suena una música en plan nana, y Europa, llorando queda dormida) (Vuelve a sonar una música graciosa tipo pizzicato de violín) (Aparecerán ahora los Personajes del Acto II por distintas partes del escenario) (Cruzan el escenario deprisa)*

FRANCÉS 1   *(Cruzando el escenario deprisa, no repara en Europa que sigue durmiendo)* ¡¡Oh mon Dieu, mon Dieu, mon Dieu, mon Dieu!!

INGLÉS 1   *(Idem anterior)* ¡¡Oh my God, my God, my God, my God, my God!!

(Europa parece despertarse. Mira a un lado y a otro sorprendida)

EUROPA   ¿Qué ha sido eso?... ¿Hay alguien ahí?

FRANCÉS 2   *(Cruza veloz el escenario ante la atónita mirada de Europa)* ¡Je ne se pas, je ne se pas, je ne se pas, je ne se pas, je ne se pas! *(Desaparece)*

EUROPA   *(Va hacia donde se ha ido)* Oiga, disculpe... ¿Quién es usted?

(Repentinamente sale otro personaje)

INGLÉS 2   ¡I don't know, I don't know, I don't know, I don't know...! *(Desaparece)*

(Europa va tras él)

EUROPA   *(Cada vez más desconcertada)* ¡Oiga! ¡Perdone! ¿Qué es esto?

(Aparece otro personaje repentinamente)

ANTÓN ¡Ze nos va a quemar la paella, ze nos va a quemar la paella, ze nos va a quemar la paella, ze nos va a quemar la paella!

EUROPA *(Al cruzarse con él, lo intenta parar)* ¡Por favor! ¡Caballero!... *(Antón no le hace caso y sigue con lo de la paella cruzando el escenario)* ¿Pero qué sucede aquí? Parece como si no me vieran.

(Aparece otro personaje repentinamente)

JORDI Amb pa amb tumaquet, amb pa amb tumaquet, amb pa amb tumaquet, amb pa amb tumaquet, amb pa amb tumaquet.

(Cuando pasa al lado de Europa ésta le hace gestos con la mano en la cara, para comprobar si la ven. El otro sigue como si tal cosa)

EUROPA ¿¡Hola!?..... Está claro... ¡no pueden verme!

(Aparecen las Musas. Dos por cada lado del escenario)

IMGINACIÓN Cierto Europa. No pueden verte. *(Desde uno de los lados junto con Tolerancia)*

ESFUERZO Cuando Zeus te mandó la misión te hizo una "semidiosa" *(Desde el otro lado del escenario junto con Solidaridad)*

TOLERANCIA Los humanos no pueden ver a los dioses y a los semidioses.

SOLIDARIDAD Ni tampoco a las Musas. Tan solo pueden sentirnos.

EUROPA Menos mal que estáis aquí. Qué mal lo estaba pasando. Creía que todo había sido un sueño.

IMAGINACIÓN El sueño empieza a partir de ahora, querida Europa.

EUROPA Pero entonces.... ¿Ya he cumplido mi misión?

ESFUERZO No Europa. Ahora es cuando tu misión empieza

EUROPA ¿Cómo?... pero si ya vencimos a esos Hombres de Negro que construían los muros.

TOLERANCIA Mi querida Europa. A esos va a ser muy difícil vencerlos del todo.

EUROPA ¿Y entonces?

SOLIDARIDAD Has de estar muy alerta. Son muy poderosos, aunque desde luego, les hemos dado una buena lección.

EUROPA ¿Y qué tengo que hacer a partir de ahora?

IMAGINACIÓN Derribados los muros, tu misión ahora puede ser algo más fácil.

ESFUERZO Pero ahora eres tu sola Europa. Tú deberás soportar todo el esfuerzo. Nosotras estaremos ahí, a tu lado, aunque no nos veas, inspirándote.

SOLIDARIDAD Debes hacer que compartan las cosas.

TOLERANCIA Que se ayuden los unos a los otros mirándose tan solo a los ojos.

EUROPA *(Con el peso de la responsabilidad)* ¡Pero cómo voy a hacer todo eso si no pueden verme!

IMAGINACIÓN Tranquila Europa. Zeus nos ha dado el poder de devolverte tu condición de humana. De esta manera podrán verte.

ESFUERZO Y no lo olvides Europa. La palabra. Utiliza tú la palabra y enséñales a ellos a utilizarla. Recuerda: La palabra es el arma más poderosa de los humanos para aproximarse unos a otros.

(Con una música de cello o violines las Musas desaparecen caminando hacia atrás)

EUROPA ¿Pero es que ya os vais?... No, no, no, por favor. No me dejéis sola.

(Las Musas desaparecen, cesa la música y se hace un oscuro)

(Al volver la luz, Europa estará sola en el escenario, de rodillas y cabizbaja. Hay un ratito de silencio incómodo. Poco a poco Europa alzará la cabeza y hablará)

EUROPA ¡¡Oh gran Zeus!! ¡¡Oh Musas!! ¡Ahora estoy sola! ¡Ayudadme por favor!

MUSAS Y ZEUS *(Entre bastidores)* ¡No estás sola Europa, aunque no puedas vernos, estamos contigo! ¡Inspirándote!

(Vuelve a salir repentinamente el Francés 1. Lleva puesta la boina francesa, pero lleva en las manos el gorro cordobés de Antón y el casco vikingo de Grieg. Es decir, del resto de personajes que ha interpretado) (En el caso de que se elija a un actor distinto para cada uno de estos personajes, saldrían los tres)

FRANCÉS 1 ¡Oh mon Dieu! ¡Oh mon Dieu! ¡Oh mon Dieu!... *(Ve de repente a Europa y se para)* Qu'est ce que c'est? *(Se quita la boina y se pone el gorro cordobés)* ¿Qué ez esto? *(Se quita el gorro cordobés y se pone el gorro vikingo)* ¿Quién serrrr usted?

EUROPA Hola... ¿Puedes verme?

FRANCÉS 1 *(Todavía con el gorro vikingo)* ¡Yo no serrrr ciego señorrrra! Clarrro que verrrla *(Se va yendo, con gorro cordobés)* Me voy que ze me va a quemar la paella. *(Con boina francesa)* Aurevoir. *(Desaparece)*

EUROPA ¡Pueden verme!... Pero... Aquí está pasando algo raro.

(Entra repentinamente Jordi. Viste barretina catalana pero, al igual que el anterior, lleva en las manos la boina francesa y el casco vikingo) (Idem anterior)

JORDI ¡Antón, Antón! ¿Dónde estás? Ya tengo los tomates para el pa amb tumaquet... *(Ve a Europa. Se para ente ella. Le pregunta)* Disculpe señorita, ¿ha visto por aquí a un señor con un gorro andaluz?

ERUOPA Sí... se fue por ahí...

JORDI *(Que se ha puesto la boina francesa)* Merci señorita.. *(Hace ademán de irse. Europa lo para)*

EUROPA Pero... disculpe por favor. ¿Qué ocurre aquí?

JORDI Je ne se pas! Je ne se pas! *(Se quita boina francesa y se pone gorro vikingo)* ¡Mi solo gustarrr heavy metal! *(Imita el sonido estridente de una guitarra y se va corriendo)*

EUROPA Yo creo que aquí están todos locos.

(Repentinamente aparecen por un lado Inglés 1 e Inglés 2. Llevan los bombines puestos, pero al igual que los otros personajes, llevan en las manos: el Inglés 1 el gorro baviero y la peluca de Vivaldi, y el Inglés 2, el gorro baviero y las gafas de Batiatto) (Idem anteriores, si son actores distintos, saldrían todos)

INGLÉS 1 *(Acento inglés)* ¿Locos? ¿Quién ha dicho que estamos locos? Who is crazy? *(Le pregunta al Inglés 2)* ¿Estamos locos?

INGLÉS 2 I don't know. I don't know.

EUROPA Se comportan todos ustedes de una manera extraña.

INGLÉS 1 *(Que se ha puesto gorro baviero y el Inglés 2 también)* Eso serrrá mi compañeren, que ha bebiden demasaiden cervecen.

INGLÉS 2 ¡¡¡Hiiiiiip!!!!

EUROPA ¡Oh, por Zeus, Oh dioses del Olimpo! ¿Cómo arreglo yo esto?

INGLÉS 1 *(Que se ha puesto la peluca de Vivaldi. Y el Inglés 2 las gafas de Batiatto)* ¿Ha escuchato la mía música señorina? *(Acercándose a Europa, casi acosándola)*

INGLÉS 2 ¡No, no! No le haga caso. Escuche la mía, la mía.

(A partir de ahora se tiene que formar un galimatías impresionante. Vamos a describirlo aquí más o menos cómo sería. Empieza a sonar poco a poco una música muy movida y un poco surrealista. Aparecerán todos los personajes con sus respectivos gorros. Los personajes se moverán por el escenario aleatoriamente e irán diciendo palabras sueltas en cada uno de los idiomas conforme se van cambiando los gorros. Tiene que dar impresión de jaleo, de confusión. Las luces pueden hacer flashes y la música irá sonando cada vez más alto. Damos aquí posibles palabras que pueden ir diciendo cada uno de los personajes, que como digo, han de

ir moviéndose por el escenario de forma aleatoria, incluso chocando unos con otros)

(Posibles palabras para cada uno de los personajes:

FRANCÉS 1. ANTÓN. GRIEG - Mon Dieu - Ozzú mi arma - Bella música

FRANCÉS 2. JORDI. HEAVY. - Je ne se pas – Pa amb tumaquet – Imita sonido de guitarra heavy.

INGLÉS 1. ALEMÁN 1. VIVALDI - Oh my God – Salchichen alemanen – 4 estacione

INGLÉS 2. MARLEN. BATIATTO - I don't know - ¡¡Hiiiip!! – Centro di gravedad.

(Este galimatías debe durar un poquito. Europa está en el centro. Desconcertada. No entiende nada. Hasta que grita)

EUROPA ¡¡Bastaaaa!!

(Cesa repentinamente la música y todos los personajes quedan parados. Se miran unos a otros. Los personajes murmuran)

EUROPA ¿Pueden hacer el favor de calmarse? Siéntense aquí conmigo.

(Se sientan todos en el escenario. Europa en el centro. En forma de U)

EUROPA Tengo que hablar con todos ustedes. Han de ser capaces de hablar entre ustedes. De dialogar, de entenderse y de unirse.

(Diferentes murmullos de los personajes, utilizando las mismas palabras de antes y cambiándose los gorros también según qué palabras digan)

EUROPA ¿Pueden ustedes entenderme?

(Se oyen murmullos de los personajes, entre los cuales ha de entenderse perfectamente al Francés 1: "comme ci comme ça" – Al Inglés 1: More or less)

EUROPA ¡¡Bufff!! ¡Esto va a ser más difícil de lo que yo pensaba!... A ver. ¡Presten atención! Han de ser capaces de utilizar la palabra para entenderse. ¡La palabra! ¡Escúchenme bien! ¡Abran bien sus oídos!

(Comienza a sonar "Imagine" de John Lennon. Sobre la música se verá a Europa cómo habla con los personajes, pero sin oírsele. Los personajes reaccionan. Se escucha sobre la música una voz en off)

VOZ OFF Y así fue como Europa, poco a poco, con mucha paciencia y esfuerzo, con imaginación, solidaridad, tolerancia…. y sobre todo y ante todo, utilizando la palabra y el diálogo, fue uniendo a unos y a otros, a hermanarlos y en definitiva, a que mil culturas, sin perder sus propias identidades, se convirtieran en una sola. Una sola Europa.

(Cuando comience la Voz en Off aparecerán las Musas y bailarán a su alrededor. Veremos como poco a poco los personajes se levantan y se abrazan unos a otros y a Europa también. Poco a poco irá bajando la luz y la música, hasta que se haga el oscuro)

(La música se irá mezclando con el Himno a la Alegría de Bethoven. Y en ese momento todos los personajes saldrán a saludar. Cuando Europa salga a saludar, portará una bandera europea)

ET VALE

Lo Esencial

Recreación teatral inspirada en
El Principito de Antoine de Saint-Exupéry

Obra de Juan José Alfaro Olmedilla

PERSONAJES

Esta obra se inspira en *El Principito* de Saint-Exupéry por lo que la gran parte de los personajes corresponderán a paralelismos ("alter egos") de los personajes de esa obra.

ABUELO   Sería el "alter ego" del Aviador. Pero si interpretamos bien la obra en realidad el Abuelo es El Principito que se ha hecho mayor. Personaje bondadoso, loco y algo misterioso. Es recomendable que sea interpretado por un adulto, cuando yo representé esta obra este personaje lo interpreté yo mismo.

PRINCE   "Alter ego" de El Principito. Representa la pureza. Es como un lienzo en blanco preparado para ser pintado, el problema está en quién y cómo se pinte. Inocente, pero al mismo tiempo muy curioso. Tierno. Puede ser interpretado por un niño o una niña.

FOX   "Alter ego" del Zorro. Este personaje representa la amistad. Es un niño al que le han arrebatado la infancia y se olvidó de lo que es jugar. También puede ser niño o niña.

MADRE   Madre de Fox. No correspondería con ningún personaje de El Principito. Está puesto para enfatizar y ridiculizar el mundo de los adultos, siempre ocupados e intentando que sus hijos también lo estén. Histriónica, siempre alterada, siempre habla gritando.

HOMBRES GRISES
"Alter ego" del Hombre de Negocios. En ellos se ve el peso del mundo adulto con preocupaciones que siempre tienen que ver con los números: bancos, hipotecas... Pueden ser varios, entre 4 y 8. Tristes, siempre cabizbajos.

ROSA   "Alter ego" de La Rosa. Representa la belleza y lo que hay que cuidar. Huidiza y a veces impertinente. Este personaje sería necesario ser interpretado por una niña.

LAS NIÑAS.- Niña 1, niña 2, niña 3

"Alter ego" de El Vanidoso. Preocupadas siempre por que las alaben en Redes Sociales. Pueden ser niños y niñas.

PRESIDENTE

"Alter ego" de El Rey. Personaje caprichoso. Se cree con todo el poder del mundo y puede hacer lo que quiera. Puede ser niño o niña.

ABUPEQUEÑO

Este personaje está muy bien explicado en una de las acotaciones del texto cuando aparece. Es la "esencia" del abuelo, lo esencial, pues en sus palabras y consejos a Prince está el mensaje tanto de esta obra como del cuento de El Principito. En realidad, es el verdadero Principito.

ACTO I – EL ABUELO

(Se abre el telón. Oscuro. Se oye el ruido de una avioneta que hace acrobacias. Flashes de luz. Un niño sale al escenario. Corre de un lado a otro, asustado. Llama a su abuelo mirando hacia arriba, a la avioneta)

PRINCE   *(Sobre el ruido de la avioneta)* ¡Abuelooo! ¡Abuelooo! ¡Abuelooo!

(Sigue oyéndose el ruido de la avioneta y el niño llamando a su abuelo. Poco a poco cesa el ruido de la avioneta. Por la parte izquierda del escenario, siempre según el público, se oirá un grito. Es el abuelo. Aparece en escena cayendo desde algo alto. Cae rodando al escenario)

ABUELO   ¡¡Ahhhhaaaaaahhahhahhahhaa!! *(Cae rodando como si cayera del avión)*

PRINCE   ¡Abuelo, Abuelo! ¿Estás bien?

ABUELO   ¡Ay, ay, ay! ¡Ay qué porrazo!

PRINCE   ¿Estás bien abuelo?

ABUELO   Sí, sí. Creo que sí. *(Tocándose)* ¿No me falta nada, verdad?

PRINCE (*Mirándole*) Que yo sepa no.

ABUELO (*Levantándose como si nada hubiera pasado*) Pues entonces estoy bien. Un poco dolorido, pero nada más. ¡Ay! (*Se queja de una pierna o de cualquier otro sitio al intentar levantarse*)

PRINCE ¡Abuelo! ¿Seguro que estás bien?

ABUELO Sí, sí, pequeño. No te preocupes. Vamos a casa. Tengo que seguir con mi libro.

(*Oscuro. Música lenta. Se saca una mesa y una silla que se coloca a la derecha del escenario. La mesa tendrá muchos papeles y algún libro. Cuando vuelve la luz el abuelo está sentado en la mesa escribiendo. Prince le coge un papel y se sienta en el suelo apoyado sobre la mesa y lee) (La música lenta puede seguir muy bajita todavía un rato)*

PRINCE ¿De qué va tu libro abuelo?

ABUELO Ya lo leerás, no seas impaciente.

PRINCE ¿Qué es un baobab? (*El abuelo enfrascado en su escritura no le contesta*) ¡Abuelo! ¿Qué es un baobab?

ABUELO ¿Un baobab? Un árbol enorme. Muy alto y muy ancho. Tan ancho que cabría un coche dentro del tronco.

PRINCE ¡Vaya! (*Sigue leyendo, puede coger otra hoja*) Tengo que arreglar mi avioneta... Ja, ja, ja. Abuelo, tú siempre pensando en aviones. ¿Por qué ese empeño en volar? ¿Y si te pasa algo?

ABUELO ¿No has tenido todavía ningún sueño, ninguna ilusión? ¿Algo que hayas deseado con todas tus fuerzas?

PRINCE Pues no sé... abuelo.

ABUELO Lo tendrás pronto, seguro. O lo tienes ya y todavía no lo sabes.

PRINCE Pero tú ya estás mayor, abuelo, para andar por ahí volando.

ABUELO Si algo te apasiona, pequeño, nunca se es demasiado mayor para hacerlo.

PRINCE ¡Estás loco abuelo!

ABUELO Menos mal.

PRINCE ¿Pero no ves que puedes hacerte daño?

ABUELO Vaya. Pareces un adulto echándole la bronca a un niño.

PRINCE Es que pareces un niño, abuelo.

ABUELO Exacto, pequeño. Exacto. Nunca hay que olvidar al niño que hemos sido. Espero que tú no lo hagas nunca. La gente lo olvida demasiado pronto.

PRINCE ¿Y qué hay que hacer para no olvidarlo?

ABUELO No perder nunca la capacidad de sorprenderse, pequeño. Vivir cada día como si fuese la primera vez que vives. Todo eso está todavía en ti. No debes perderlo... *(Se le ocurre algo)* Mira, ya verás. *(Sale entre bastidores y vuelve con varias hojas en blanco y un lápiz. Se lo da a Prince)* ¡Dibújame un cordero!

PRINCE ¿Cómo?

ABUELO ¡Dibújame un cordero!

PRINCE ¿Un cordero? Para que quieres que....

ABUELO ¡¡Dibújame un cordero!!

PRINCE Mira que eres pesado abuelo. Está bien. *(Hace como que lo dibuja, porque ya estará dibujado en la hoja)* Ya está.

ABUELO ¡Buah! Este cordero está enfermo. ¡Dibújame un cordero!

PRINCE Ufff... *(Lo hace)* ¡Toma!

ABUELO Ja, ja, ja, ja, ja. Mira. Te has equivocado. Esto no es un cordero. Es un carnero. Tiene cuernos. ¡Dibújame un cordero!

PRINCE *(Lo hace y le dibuja ahora la caja del Principito. Una caja con agujeros. Le da la hoja al abuelo)* Tooooma.

ABUELO ¿Ves? ¡Perfecto! Aquí puedo ver que todavía eres un niño. El cordero que me has pintado está dentro de la caja. ¿Verdad?

PRINCE ¿Cómo lo sabes?

ABUELO Lo sé, pequeño, lo sé. Simplemente lo sé. *(El abuelo sale y vuelve con otro dibujo)* Mira... ¿qué ves aquí?

PRINCE ¡Ah! Ya sé. Está claro. Es una boa que se ha tragado un elefante.

ABUELO ¡¡Impresionante!! ¿Cómo lo has sabido?

PRINCE Porque soy un niño, abuelo. Todavía soy un niño... Lo que quisiera saber es cómo no dejar nunca de serlo. ¡Explícamelo!

ABUELO No es fácil, pequeño. Encontrarás muchos obstáculos. Todos querrán que crezcas. Que seas muy serio... Te dejaran poco tiempo, casi no tendrás tiempo... *(Pausa. Piensa)* Bueno mira.... ¿Te apetece viajar?

PRINCE ¿Viajar? ¿A dónde?

ABUELO Eso depende de dónde quieras llegar. Cuando yo viajo no me importa mucho el destino. Siempre llegarás a algún sitio si caminas lo suficiente... ¿Te atreves?

PRINCE Eso suena así como a mágico, no? Enigmático.

ABUELO Mágico sí, muy mágico... ¿Vienes?

PRINCE *(Duda, pero se decide)* ¡Vamos!

ABUELO Así me gusta. ¡Valiente!

PRINCE ¿Me enseñarás a no dejar de ser un niño?

ABUELO Si, pequeño. Pero no te lo enseñaré yo. Te lo enseñará la vida. Yo te mostraré caminos, pero aprenderlo, lo tendrás que hacer tu solo.

PRINCE Pero... ¿Dónde vamos abuelo?

ABUELO Al mundo, pequeño. Al mundo. Pero irás tu solo. Yo estaré cerca. Y no olvides este consejo: Nunca seas un príncipe, pero sí un principito.

(Salen de escena. Oscuro. Música. Puede ser un bajo de sintetizador. Enlaza con el siguiente acto)

ACTO II – EL MUNDO

(Bajo la música y el oscuro Prince ha salido a escena. Se coloca en el centro del escenario. Sube la luz y se le ve. Mira a un lado y a otro, desconcertado, no sabe dónde está. Para la música y Prince habla. Llama a su abuelo)

PRINCE ¿Abuelo? *(Silencio) (Debe darse una situación un tanto incómoda. El niño llamará a su abuelo varias veces, pero solo le contesta el silencio)* ¿Abuelo?... ¿Abuelo? *(Tras llamarlo varias veces, el abuelo contestará pero en una voz en off, distorsionada por una reverberación y como en un susurro)*

ABUELO *(Off)* Estoy aquí, pequeño. Ve, ve tu solo ahora. Ya estás en el mundo.

(Comenzará ahora una música muy tristona. Puede ser algún adagio famoso. Saldrán acompañando esta música los Hombres Grises. Unos personajes vestidos de gris que llevan cada uno una cartera negra. Salen de distintas partes del escenario. Caminan muy lento y cabizbajos, muy tristes. Sonará entonces una música frenética y los Hombres Grises cambiarán de actitud repentinamente, se

pondrán a correr de un lado a otro, mirando sus relojes y diciendo todo el rato. ¡No llego! ¡No llego! Volverá la música lenta y triste y los Hombres Grises repetirán la acción del principio. Prince al verlos, se sitúa en un lateral)

(Hombres Grises desaparecen) (Prince queda solo en el escenario. De repente una chica vestida de rosa entra por un lado y se para justo al lado de Prince. Le mira. Prince la saluda. Si puede ser la alumbraremos con un cañón)

PRINCE Hola

(La chica vestida de rosa, ríe y sale otra vez corriendo y desaparece)

PRINCE ¡Oye, perdona! ¿Quién eres? Yo soy Prince... *(Pausa)* Qué lugar más extraño. El abuelo siempre me lleva a unos sitios muy raros.

(Aparece por un lado Fox, personaje alter ego del Zorro en la obra de El Principito. Viste de marrón o naranja. Prince no lo ve, pero él se acerca a él)

FOX ¡Hola!

PRINCE *(Se asusta)* ¡Ay, qué susto!

FOX Perdona, no era mi intención asustarte.

PRINCE ¿Quién eres tú?

FOX Yo Fox, ¿y tú?

PRINCE Yo Prince.

FOX Encantado Prince.

PRINCE ¿Dónde estamos Fox?

FOX ¿Cómo? ¿No sabes dónde estás?

PRINCE Mi abuelo me trajo hasta aquí, pero...

FOX Estás en el mundo, Prince, en el mundo

PRINCE Eso dijo mi abuelo, que me llevaba al mundo

FOX Eres nuevo aquí... ¿Qué buscas?

PRINCE Busco hacer amigos. Esa chica que ha salido antes corriendo, ¿quién era?

FOX ¿Qué chica?... No conozco a muchos niños.

PRINCE ¿Y esos hombres? Los que salieron antes... ¿quiénes eran?

FOX Ah... esos. Bueno. Son hombres. Adultos, muy ocupados... y tristes

PRINCE Yo quiero hacer amigos, Fox. ¿Quieres jugar?

FOX ¿Jugar?... ¿Qué es eso?

PRINCE ¿No sabes lo que es jugar?

FOX Ahora que lo nombras, algo me suena. Pero creo que en el mundo ya no se juega.

PRINCE Yo te lo recordaré. ¡Vamos!

FOX ¡Un momento!

PRINCE ¿Qué pasa?

FOX Pues que no te conozco, Prince, primero tendremos que hacernos amigos. Crear lazos.

PRINCE ¿Crear lazos?

FOX Si. Para mí no eres más que un niño semejante a otros mil niños. Si creamos lazos, tendremos necesidad el uno del otro. Tú serás para mí único en el mundo y yo seré para ti único en el mundo.

PRINCE Creo que empiezo a comprender.

FOX Mi vida es monótona. Voy al colegio, luego a inglés, luego a natación, luego a fútbol, luego a alemán... En fin, siempre lo mismo, siempre ocupado. No tengo tiempo para...

PRINCE ¡Jugar!

FOX Eso... Jugar. Ahora me acuerdo. Por favor. Yo sí que necesito un amigo. ¿Tú querrás ser mi amigo?

PRINCE ¡Claro! Pero dijiste algo de crear lazos. ¿Qué hay que hacer?

FOX Bueno, eso lleva algo de tiempo. Hay que tener paciencia. Pero creo que tú y yo podemos ser buenos amigos.

(Suena el adagio de los Hombres Tristes. Aparecen. La misma acción que antes. Primero tristes y cabizbajos y al sonar la música rápida, caminan rápido y dicen "No llego – no llego", y otra vez lento) (Aquí haremos que alguno de los Hombre Grises choque con Prince)

FOX Tranquilo. No pasa nada. En principio no tienen por qué hacerte nada. Van a lo suyo. Están ocupados, no tienen tiempo.

(Con la música del adagio desaparecen)

PRINCE Qué raro es este mundo, Fox... Bueno, ¿podemos empezar a jugar?

(Se oye una voz entre bastidores)

MADRE (Off) ¡¡¡FOOOOOOOOOOOOOOX!! ¡Se puede saber dónde estás?

FOX ¡Mi madre! Tengo que dejarte Prince.

PRINCE ¿Te vas ya? Pero... ¿No íbamos a jugar?

FOX Mi madre me llama. Creo que se hace tarde para.... no sé, cualquier cosa. Mañana quedamos, vale? Aquí a las 4 de la tarde... a las 3 yo ya comenzaré a ser feliz. *(Fox desaparece por el lado contrario de donde ha venido la voz de su madre) (Vuelve a aparecer la niña de rosa, bajo luz de cañón) (Sale corriendo por donde se ha ido Fox y cruza deprisa el escenario, riendo)*

PRINCE ¡Espera! *(No le da tiempo, la niña ha desaparecido) (Prince se sienta en el proscenio. Triste)* Definitivamente este mundo es muy raro. Es lo que me dijo el abuelo.

(Se comienza a oír un ruido de caballo, al galope, cada vez más fuerte. Sobre ese sonido entra, por el lugar opuesto al que se fue Fox, la Madre, madre de Fox. Cargada con un carro de la compra repleto de cosas y con bolsas de la compra. Aparece corriendo, atacada, si puede ser al ritmo del galope del caballo)

MADRE ¡Madre mía qué horas! ¡¡Madre mía qué horas!! ¡Fox! Haz el favor de darte prisa. *(Ve a Prince)*

MADRE ¿Y tú qué haces aquí, niño?

PRINCE Observar

MADRE ¿Observar? ¿El qué?

PRINCE A vosotros

MADRE ¿A nosotros? *(Duda. Mira para un lado y otro a ver si ve a algún adulto)* ¿Y tus padres dónde están?

PRINCE Ahora mismo no lo sé...

MADRE ¿Que no lo sabes? ¿Pero eres de aquí, o de dónde?

PRINCE Pues supongo que seré de aquí. A mí me trajeron al mundo. ¿Esto es el mundo no?

MADRE ¡Ja! ¡Qué gracioso! Me trajeron al mundo dice... pues como a todos. Claro que es el mundo, ¿pues qué va a ser? Eres un poco raro tú, niño *(Mira el reloj)* ¡¡FOOOX!! Por favor, que no llegamos.

PRINCE ¿Fox es su hijo?

MADRE ¿Conoces a Fox?

PRINCE Sí. Aunque todavía tenemos que crear lazos.

MADRE ¿Crear lazos?... ¿Pero qué estás diciendo niño? *(Ignorándolo)* ¡¡FOOOOOOOOOOXXX!!! ¡¡Quieres hacer el favor de venir!! ¡¡Que no llegamos a nada!! ¡¡ Con las cosas que tengo que hacer!! ¡¡Dios mío!!

PRINCE ¿Tiene muchas cosas que hacer, señora?

MADRE ¡¡¡JA!!! *(Sonoro "JA")* Que si tengo cosas que hacer dice el monigote este... ¡¡Muchas!!, ¡¡Muchas!!

PRINCE ¿Me las podría decir, señora?

MADRE ¿Cómo? ¿Quieres saber lo que tengo que hacer?... Eres muy raro niño. Pero en fin, para que te des cuenta de lo que es ser una persona adulta. Mira, atiende bien, eh?: *(Lo dirá todo de carrerilla)* Tengo que llevar a Fox a la piscina, luego a Taekwondo, después a clavicordio, luego al psicólogo, luego hacer los deberes, y después a inglés, alemán y chino. Que el chino hoy en día es muy importante. Después tengo que hacer la comida y dejar preparada la cena. Por no decirte más de mil cosas más... ¿Qué te parece?. ¿Eh? *(No deja contestar a Prince. lo ignora)* ¡¡¡FOOOOOOOOOOOX!! ¡¡¿Quieres venir de una vez?!!

PRINCE   ¿Y jugar?

MADRE   ¿Cómo? ¿Jugar? ¿Qué es eso? *(Lo vuelve a ignorar)* ¡¡¡FOOOOOOOOX!! ¡Como vaya te vas a enterar!

PRINCE   ¿Y Fox tampoco puede jugar?

MADRE   Eres muy raro niño. No sé de dónde has salido. ¡¡FOOOX!! ¡Voy a por ti! *(Sale a por Fox y vuelve con él cogido de una oreja)* ¡Vamos Fox! Estaba pensando que mañana tienes el día demasiado libre. ¿Qué te parece apuntarte a cálculo infinitesimal? Las matemáticas no las llevas muy bien. ¡Ah! Y también a unas clases de relajación que te vendrán muy bien, que estás muy alterado últimamente. ¿Qué te apetece más, cálculo infinitesimal o relajación?

FOX   ¿Y estar contigo?

MADRE   ¿Cómo?

FOX   Estar contigo. Jugar contigo.

MADRE   ¿Esas ideas te las ha metido el niño este? Anda, tira delante de mí. *(Salen Fox y la madre)*

*(Prince queda solo. Baja la luz, incluso llega a oscuro. Aparece otra vez la **niña de rosa**. Cruza el escenario de un lado a otro, riendo. Le sigue la luz del cañón)*

PRINCE ¡Oye, espera! ¡Qué quieres, quién eres? *(Prince la sigue por donde se haya ido) (La busca)* ¿Hola? *(Busca por otros sitios, la llama)* ¿Hola? ¿Dónde estás?

*(Suena el adagio de los **Hombres Grises** y se produce otra escena igual a las anteriores. Pero en una de las veces que los Hombres Grises vayan rápido diciendo "No llego – No llego" uno de ellos perderá su cartera, que abandona en el escenario cuando se vayan) (Cuando se hayan ido Prince se acerca a la cartera y la coge. Pero mira a uno y otro lado, busca por diferentes partes, quiere cerciorarse de que no hay nadie ni le ve nadie) (Se sienta en el centro del escenario, la abre y saca unos papeles)*

PRINCE *(Leyendo algunos papeles. Lee muy despacio, silabeando, no entiende las palabras)* Hi...po.... te... ca..., - Reci... bo... ban... co... , - Pa...go... Co... mu...ni...dad... - Hi... po...te...ca... - Reci...bo...ban...co... - Hi... po... te... ca... - Reci.... bo... ban... co.... ¡Qué lenguaje más extraño! No entiendo nada. *(Vuelve a mirar los papeles)* Y números, números, muchos números.

(Sale el Hombre Gris que ha perdido la cartera. Preocupadísimo. No ve a Prince. Prince se esconde)

HOMGRIS ¡Mi cartera! ¡Dios mío! ¡He perdido mi cartera! *(La busca un ratito. Al final Prince decide salir de su escondite)*

PRINCE ¡Señor! ¿Es esta su cartera?

(El Hombre Gris al verlo corre y le arrebata la cartera)

HOMGRIS ¿Qué haces tú con eso?

PRINCE Me la encont.... *(El hombre gris le corta)*

HOMGRIS ¡Es muy importante! ¿Sabes? No puedo perderlo, entiendes?

PRINCE ¿Cómo se entiende con tantos números?

HOMGRIS Los números son todo muchacho. Son lo más importante.

PRINCE ¿Qué es hi..po.. te..ca?

HOMGRIS ¿Cómo? ¿Has mirado mis papeles?

PRINCE ¿Qué es hi..po..te..ca?

HOMGRIS ¿Por qué has mirado mis papeles?

PRINCE Lo siento... ¿Qué significa hipoteca?

HOMGRIS ¡Qué pesado que eres niño!

PRINCE ¿No me vas a decir qué significa hipoteca?

HOMGRIS ¿Para qué quieres saberlo?

PRINCE No sé... me resulta curioso. Además, si dice que es tan importante, me gustaría saberlo. Quiero saber lo que es importante.

HOMGRIS Está bien. Pues te lo diré. *(El Hombre Gris se pone importante y suelta como un robot y de carrerilla la definición)* Hipoteca es el derecho que grava bienes inmuebles para garantizar el cumplimiento de una obligación o el pago de una deuda. *(Suspira)* Como ves, es algo muy importante.

PRINCE Pues será importante, pero yo no he entendido nada. ¿Puede repetirlo?

HOMGRIS *(Repite la definición igual que antes)* Hipoteca es el derecho que grava bienes inmuebles para garantizar el cumplimiento de una obligación o el pago de una deuda. *(Suspira)* Como ves, es algo muy importante.

PRINCE Sigo sin entender nada.

(Silencio tenso entre los dos. Los dos se miran fijamente a los ojos. Finalmente el Hombre Gris se derrumba)

HOMGRIS ¡Ni yo tampoco! *(Se rinde. Puede sentarse en el suelo o en el proscenio. Se echa las manos a la cara)*

PRINCE Y si no lo entiende, ¿por qué dice que es tan importante?

HOMGRIS Haces demasiadas preguntas, niño.

PRINCE Es que quiero comprender.

HOMGRIS Ya lo comprenderás cuando seas mayor.

PRINCE ¿Mayor?, ¿Cómo, como usted?

HOMGRIS Sí, como yo.

PRINCE Pero usted, que ya es mayor, dice que tampoco lo entiende.

HOMGRIS *(Se levanta apesadumbrado, triste, con la cabeza gacha)* Me tengo que ir, pequeño.

*(Comienza el adagio triste de los **Hombres Grises**. Salen igual que las otras ocasiones. El Hombre Gris se une a ellos y se van) (Prince queda solo en el escenario y se sienta en el proscenio)*

PRINCE Definitivamente la gente mayor es muy rara. Ni ellos mismos comprenden lo que dicen.

EL JUEGO DE LA ROSA Escena de acciones

(Vuelve a aparecer la **chica de rosa,** *cruza el escenario huidiza, igual que las otras veces. Prince esta vez la sigue con la mirada, pero no le dice nada, vuelve a agachar la cabeza, triste) (Se producirá ahora un juego divertido entre la chica de rosa, a partir de ahora,* **Rosa,** *y Prince. Rosa aparecerá por distintas partes del escenario en una especie de juego. Cada vez que aparezca por cualquier sitio dirá "HOLA". A este juego se le pondrá una música divertida. Prince la intentará seguir caminando hacia los lugares por donde aparezca. Rosa siempre que aparezca dirá "HOLA". Prince la seguirá y le contestará: unas veces "HOLA" y otras podrá decir otras cosas "ESPERA" − "DÓNDE ESTÁS" − "¡QUIÉN ERES?" − "YO ME LLAMO PRINCE"... Tiene que producirse un juego divertido entre los dos personajes, incluso podrán bajar al público y jugar entre el público. Llegará un momento que Rosa ya no aparecerá por ningún sitio y Prince la llamará: "OYE" − "¿ESTÁS AHÍ?" − "¿HOLA?" y viendo que ya no le contesta ni aparece, volverá a sentarse triste en el proscenio).*

(Sentado Prince en el proscenio, triste, se oirá a alguien entre bastidores)

NIÑA 1 *(Se le oye entre bastidores)* ¡Bien!

PRINCE *(Reacciona a la voz que ha oído. Piensa que es Rosa)* ¿Hola? ¿Estás ahí?

NIÑA 1 *(Sigue entre bastidores. Puede oírse la voz por otro lado distinto para desconcertar a Prince)* ¡Genial!

PRINCE ¿Eres tú?

NIÑA 1 *(Idem)* ¡¡Waooo!!

PRINCE ¿Quién eres?

(La Niña 1 aparece, con un móvil en la mano. Ensimismada con él. No ve a Prince. Sale y choca con él. Ella no le hace ni caso, sigue mirando a su móvil) (La niña va directa a sentarse en el proscenio) (Prince se le acerca y la saluda. Se sienta a su lado)

PRINCE Hola

NIÑA 1 *(Le mira pero no le dice nada. Sigue absorta con su móvil)*

PRINCE ¡Hola!

NIÑA 1 *(Le vuelve a mirar y le dice un "hola" muy desganado)* Hola

PRINCE ¿Qué es eso?

NIÑA 1 ¿El qué?

PRINCE Eso que tienes. ¿Qué es eso?

NIÑA 1 ¿Esto? Pues un móvil. ¿Es que no lo ves?

PRINCE ¿Un qué?

NIÑA 1 ¿No sabes lo que es un móvil?

PRINCE ¿Un móvil? Pues no.

NIÑA 1 ¡Santo cielo! Lo quc hay que oír. *(Se interrumpe)* ¡Ay! Ya tengo otro. ¡Otro! ¡Otro Me Gusta!

PRINCE ¿Otro qué?

NIÑA 1 ¡Ya llevo 25! ¡¡Bien!!

(Aparecen otras dos niñas, cada una por un lado)

NIÑA 2 ¡38 Me gusta! ¡¡Bien!!

NIÑA 1 ¿Cómo?

NIÑA 2 Que llevo 38 Me Gusta. Muchos más que tú.

NIÑA 3 Perdonad guapas. Pero yo llevo 63 Me Gusta.

NIÑAS 1 y 2 ¡¡¿63?!!

NIÑA 3 Es que la gente me adora. ¡Soy fantástica!

NIÑA 1 Pues que sepas que el otro día yo tuve 95 Me Gusta. A mí me adoran más que a ti.

NIÑA 2 Os equivocáis. A mí me dieron más de 100, o sea, aquí la más admirada y adorada, soy yo.

NIÑA 1 Pues yo me voy a hacer un selfie con el máximo nivel de belleza y os voy a ganar a todas. ¡La más admirada soy yo!

NIÑA 2 ¡No, no! ¡Soy yo!

NIÑA 3 ¡No! ¡Soy yo, soy yo!

(Se enzarzan en una discusión entre las tres)

PRINCE *(Las interrumpe)* ¡Perdonad!

(Las tres se callan y lo miran)

NIÑA 2 ¿Y éste quién es?

NIÑA 1　Uno muy raro que no sabe lo que es un móvil.

NIÑAS 2 y 3　¡¿Que no sabe lo que es un móvil?!

NIÑA 3　¿Y entonces.... cómo te admiran?

PRINCE　¿Qué es admirar?

NIÑA 1　¿Pues qué va a ser? Que te digan que eres la mejor, la más guapa, la más lista, que te aplaudan, que te adoren... y cuantas más personas, mejor.

NIÑA 2　Eso es. Yo quiero que todos tengan la misma opinión que yo tengo de mí.

PRINCE　¿Y para qué necesitas que te adoren tantas personas? Quizá con unas pocas ya basta, no?

NIÑA 2　¡No! Tienen que ser muchas. ¡Muchas! ¡Todas!

NIÑA 3　Eso. ¡Todo el mundo! Y todos a mi sola, por supuesto.

NIÑA 2　Perdona bonita, de eso nada. Todo el mundo me admira a mí.

NIÑA 1　No, no, no, no, no. Un momento. Me admiran a mí

NIÑA 3　¡No, a mí!

NIÑA 2　¡A mí!

NIÑA 1　¡No, no! ¡A mí!

(Vuelven a enzarzarse en otra discusión entre las tres)
*(Con una música suave aparece por un lado el personaje de **Rosa** que se acerca a las niñas. Cuando Prince la ve queda muy sorprendido)*

ROSA　Hola chicas. ¿Qué hacéis?

NIÑA 2 ¿Pues no ves? *(Le muestra el móvil)* Ocupadas.

ROSA Estaba buscándoos por si queríais salir a.... jugar.

NIÑA 3 ¡Ay! Qué niña eres todavía, Rosa. A ver si creces.

ROSA Solo tengo 10 años.

NIÑA 1 Habernos llamado.

ROSA No tengo móvil.

NIÑA 1 *(Ignorándola)* En fin... es igual. Yo estoy muy ocupada, no puedo quedar contigo.

NIÑA 2 Ni yo.

NIÑA 3 Y yo menos

(Siguen mirando sus móviles)

NIÑA 1 ¡Ala!, chicas! 1000, acabo de llegar a los 1000 seguidores. ¿Quién es aquí la más admirada?

NIÑA 2 ¡Yo tengo otros 10 Me gusta más!

NIÑA 3 Pues yo 20

(Van saliendo las tres repitiendo frases de ese tipo) (Rosa queda sola. Triste. Prince se le acerca)

PRINCE Hola

(Rosa le mira pero no le dice nada)

PRINCE ¿Por qué huías antes?

ROSA Soy un poco vergonzosa. Perdona. No te conozco de nada.

PRINCE ¿Tú también quieres que te admiren? Yo podría admirarte. ¿Cómo te llamas?

ROSA *(Lo mira)* Rosa.

PRINCE Encantado Rosa. Yo Prince. ¿Qué quieres hacer? ¿Jugar o prefieres que te admire?

ROSA ¡Jugar! *(Ríe y sale corriendo. Desaparece)*

(Vuelve aquí a repetirse el mismo juego anterior al que hemos llamado **EL JUEGO DE LA ROSA.** *Solo que ahora el texto cambiará un poco. Rosa querrá jugar al escondite, por lo que muchas veces se le oirá entre bastidores. El texto que aquí puede decirse puede ser algo así:*

ROSA *Estoy aquí. ¿A que no me encuentras?*

PRINCE *¿Dónde estás no te veo?*

ROSA *Aquí.*

PRINCE *¿Dónde?*

ROSA *Me encanta jugar al escondite!. Jajaja. Estoy aquí*

El juego sucederá bajo una musiquita graciosa, como la vez anterior. Pero poco a poco irá sonando otra música. Algún clásico algo más estridente o fuerte. Irá subiendo de volumen hasta que llegue a un climax donde parará repentinamente y se produzca un oscuro. Ningún personaje queda sobre el escenario) (Coincidiendo con el oscuro se oye a la Madre de Fox)

MADRE ¡¡FOOOOOOOX!! *(Entra en el escenario, como antes, cargada con el carro y bolsas de compras)* ¡¡FOOOOOX!! ¡Date prisa hijo mío, mira que eres lento!

FOX *(Entre bastidores)* ¡Ya voy mamá!

MADRE Ya he pensado lo que vas a hacer con ese tiempo libre que te queda. Te voy a apuntar a... *(Saca un papel y lo lee)* Espera que lo lea porque tiene un nombre muy difícil. QUIGONGDOINKIDO. Eso es Quigongdoinkido. Es una técnica hawachinjaporiental bueníiiiiíííííísima. Está súper de moda ahora. La anuncian por la tele. Y además las clases las da Sakura Yumico, que es amigo mío, de Arrancacepas, pero que luego se cambió el nombre. ¡¡FOOOOOOOX!!

FOX *(Entre bastidores)* ¡Ya voy mamá!

(Mientras la madre hablaba Prince ha salido a escena, pero la madre no lo ha visto. Se le acerca)

PRINCE Señora.

MADRE *(Se   pega   un   susto   enorme   porque   no   lo   ha   visto)*   ¡AHAAHAA! *(Tira por los aires todas las bolsas y cosas que lleve)* ¡Qué susto, por Dios! ¿Otra vez tú?

PRINCE   Disculpe señora... ¿Y un paseo por el campo?

MADRE ¿Qué dices tú ahora? Mira qué cisco. Todas las bolsas por el suelo.

PRINCE Un paseo por el campo es mucho más relajante.

MADRE *(Que comienza a recoger las bolsas)* Mira que eres raro chico. *(Lo ignora)* ¡FOOOOX! ¡Como hagas que vaya a por ti, te vas a enterar! ¡FOOOX! ¡Que voy a por ti, eh! *(Saliendo a por él)* ¿Pero se puede saber qué te pasa? *(Se va)*.

*(Repentinamente y sin solución de continuidad, conforme se vaya la madre, suena el adagio de los **Hombres Grises** y aparecerán, esta vez sólo en posición triste, cabizbajos. Prince da un fuerte suspiro al verlos de nuevo, un tanto desolado se sienta en el proscenio)*

PRINCE ¡¡Uffff, qué mundo más aburrido! ¡Estoy empezando a cansarme! ¿¡Abuelo, dónde estás!?

(Aparece repentinamente un curioso personaje ataviado con traje de chaqueta y corbata y unas gafas de sol. Los Hombres Grises siguen en escena, cabizbajos. Ese personaje es el Presidente, que saldrá dando grandes voces. Da órdenes a los Hombres Grises, que le obedecen)

PRESIDENTE ¡¡Abajo!! *(Los Hombres Grises obedecen. Todas las órdenes del Presidente los Hombres Grises las cumplirán a rajatabla)* ¡Ja, ja, ja, ja, ja!... ¡¡Arriba!!.

(Prince observa estas acciones atentamente. Empiezan a hacerle gracia)

PRESIDENTE ¡¡Un paso adelante!!... ¡Jajaja! ... ¡¡Un paso atrás!! *(Repite lo del paso adelante y el paso hacia atrás varias veces en plan cómico)* ¡¡Un salto!! .... ¡¡ Dos saltos!!.... *(Prince ríe)* ¡¡Abajo!!... ¡No, no, no!! ¡¡Arriba!!, ¡No, no, no! ¡¡Abajo!!, ¡¡Arriba!!... ¡Jajajajaja!... ¡¡Levanten el brazo derecho!!... ¡No, no, no! ¡¡El izquierdo!!... ¡¡Levanten la pierna...... *(Misterio)*... ¡¡Derecha!!, ¡No! ¡¡la izquierda!! *(Los Hombres Grises caen al suelo. Prince ríe abiertamente)* ¡¡Arriba!!.

(Prince se acerca a este curioso personaje)

PRINCE ¿Qué hace, señor?

PRESIDENTE Dar órdenes... ¡¡Abajo!!... ¡No, no! ... ¡¡Levanten los brazos!!

PRINCE ¿Por qué?

PRESIDENTE Porque soy el Presidente... ¡¡Bajen los brazos!!

PRINCE ¡Qué divertido!

PRESIDENTE ¿Te divierte?

PRINCE Sí.

PRESIDENTE *(Mira a Prince fijamente)* ¡¡Te ordeno divertirte!!

PRINCE Ya me estaba divirtiendo.

PRESIDENTE ¡¡Pues te ordeno que no te diviertas!! *(Se dirige ahora a los Hombres Grises)* ¡¡Levanten la pierna derecha!! *(Los Hombres Grises la levantan y quedan así)*

PRINCE ¿Puedo probar yo?

PRESIDENTE ¡¡Te ordeno que pruebes!!

PRINCE ¡¡Abajo!! *(Los Hombres Grises no hacen nada)* ¡¡Abajo!! *(Idem)* ¡¡¡¡Abajo!!!! ¿Qué pasa? ¿Por qué a mí no me hacen caso?

PRESIDENTE *(Se pone así muy chulo)* Porque tú no tienes el poder

(Se ha de observar que desde la última orden que el Presidente les dio a los Hombres Grises, éstos continúan con la pierna derecha levantada, y seguirán así un poquito más)

PRINCE ¿Qué es el poder?

PRESIDENTE *(Duda)* Eeehhh... ¿No sabes lo qué es el poder?

PRINCE No.

PRESIDENTE ¡¡Pues te ordeno que lo sepas!!

PRINCE ¿Cómo voy a saberlo si no me lo explica? Sus órdenes son un poco contradictorias. Ya no me divierte tanto. *(Los Hombres Grises hacen gesto de cansancio. Siguen con la pierna derecha levantada)*

PRESIDENTE ¡¡Pues te ordeno que te diviertas!!

PRINCE No puedo divertirme si no tengo ganas. Por mucho que usted me lo ordene.

PRESIDENTE Pero yo te lo ordeno porque yo tengo el poder.

PRINCE ¡Y dale con el poder! Ni usted mismo es capaz de explicarme lo qué es eso. ¿Y por qué tiene usted el poder? ¿Quién se lo ha dado?

PRESIDENTE ¿Quién va a ser? Pues ellos. *(Señala a los Hombres Grises, que siguen exhaustos con la pierna levantada)*

PRINCE ¿Ellos? ¿Ellos le han dado el poder?

PRESIDENTE Por supuesto

PRINCE Y si ellos le han dado el poder. ¿Por qué se permite maltratarlos?

PRESIDENTE ¿Maltratarlos? *(Los Hombres Grises ya no pueden más)*

PRINCE Con sus órdenes contradictorias. *(Lo imita)* ¡Abajo, arriba! ¡Ahora esto sí, ahora esto no! Y mire... ¿Es que no los ve?

PRESIDENTE ¿Qué pasa?

PRINCE   Pues que llevan un buen rato con la pierna levantada. Están que no pueden más. ¡¡Bajad la pierna!! *(Los Hombres Grises no hacen nada, pero se les nota muy cansados)* Ordéneselo usted. Les va a dar algo.

PRESIDENTE   ¡¡Bajad la pierna!! *(Los Hombres grises lo hacen y caen al suelo extenuados)* ¡¡Subi......

(Prince le tapa la boca)

PRINCE   ¡¡Chsssss! Sólo órdenes razonables.

PRESIDENTE   Está bien, de acuerdo.

PRINCE   Sólo hay que exigir a cada uno lo que cada uno puede hacer. No puedes ordenar a un pueblo a arrojarse al mar porque ese pueblo hará una revolución. Solo tendrá derecho de exigir obediencia cuando sus órdenes sean razonables.

PRESIDNETE   ¿De dónde vienes, muchacho?

PRINCE   Pues no sé. Supongo que del mismo lugar que usted.

PRESIDENTE   ¿Quién te enseñó a hablar así?

PRINCE   Mi abuelo me enseñó muchas cosas.

PRESIDENTE   Necesito un juez. Tú podrías ser mi juez.

PRINCE   Pues depende de a quién haya que juzgar.

PRESIDENTE   Pues a ellos. A quién va a ser?

PRINCE   ¿Y a usted, quién lo juzga?

PRESIDENTE   Ehhehhehh.... pues...... *(Duda)*

PRINCE   Ya está, se me acaba de ocurrir. ¡Usted mismo!

PRESIDENTE ¿Cómo?

PRINCE Se juzgará usted a sí mismo. Es lo más difícil. Me lo dijo mi abuelo. Es mucho más difícil juzgarse a sí mismo que a los demás. Si logra juzgarse bien a sí mismo, será un verdadero sabio. Entonces si merecerá tener el poder.

(Oscuro repentino. Música. Todos los personajes desaparecen en el oscuro)

ACTO III – EL JUEGO

(Sobre el oscuro vuelve a oírse el ruido de la avioneta, igual que al principio. Poco a poco se ilumina el escenario y aparece Prince, llamando a su abuelo)

PRINCE ¡Abuelo!... ¡Abuelo! *(Se mueve de un lado a otro del escenario llamándolo)* ¡Abuelo!... ¡Abuelo!... ¿Vas a volver?

ABUELO (Off) Ten paciencia, pequeño. Lo estás haciendo muy bien. Tu llegada al mundo ha sido inmejorable. Pronto estaré contigo.

PRINCE ¡¡Abuelo!!... ¡¡Abuelo!! *(El sonido de la avioneta desaparece poco a poco)* *(Prince se sienta en el proscenio, un poco abatido)*

PRINCE ¡Buffff! Este mundo es tremendamente extraño.

(Rosa aparece por un lado y cruza corriendo y riendo el escenario)

PRINCE ¡Rosa!

*(Vuelve a producirse un **JUEGO DE LA ROSA** como al principio. Pero esta vez Rosa no cede. Sigue escondiéndose, Prince está desanimado, acaba por cansarse del juego)*

PRINCE *(Sentado en el proscenio. Cansado)* ¡No puedo más! ¡Abuelo!, ¡Abuelo! Para dos personas, dos niños como yo, que parece que podrían ser mis amigos, una es una escurridiza que no se deja ni ver, y el otro tiene una madre que no le deja hacer nada. *(Se cubre la cara con las manos. Rendido)*

(Rosa aparece por un lado, Prince no la ve)

PRINCE ¡Abuelo!, ¡Abuelo! ¿Dónde estás? ¡Este mundo es muy complicado!

ROSA *(Se le acerca)* Hola. *(Prince no la ve porque está agachado y con las manos en la cara)*

PRINCE ¿Quién eres? ¿Otro de esos extraños personajes?

ROSA Soy yo. Rosa

PRINCE *(Reacciona. Se quita las manos de la cara y la mira)* ¿Rosa?

ROSA Sí, soy yo.

PRINCE *(La coge de un brazo)* ¡No te vayas por favor!

ROSA Tranquilo. No me voy a ir.

PRINCE ¿Por qué siempre sales huyendo?

ROSA No huyo. Solo juego.

PRINCE ¿Juegas?

ROSA Sí. ¿No querías jugar? *(Hace ademán de salir corriendo)* ¡A que no me alcanzas!

PRINCE *(La para)* ¡No, espera!

ROSA ¿Qué?

PRINCE Para un poco, por favor. Estoy cansado. *(Se sienta de nuevo en el proscenio. Rosa se sienta junto a él. Cañón para los dos)*

ROSA ¿No quieres jugar?

PRINCE No, no es eso. Es que no entiendo este mundo. Es muy complicado. Estoy cansado.

ROSA Llevas razón. A mí me pasa lo mismo.

PRINCE Es como si todo el mundo hubiese perdido la cabeza.

ROSA Sí. Sobre todo los adultos. Las personas mayores nunca comprenden por sí solas y es agotador para los niños tener que darles siempre y siempre explicaciones.

PRINCE ¿Por qué siempre te dicen: "Ya lo entenderás cuando seas mayor", si luego muchos de ellos tampoco entienden nada?

ROSA Hacerse mayor es un misterio.

(Se ilumina todo el escenario y se oye a Fox entre bastidores)

FOX ¡Priiiiince!, ¡Priiiiiince!

PRINCE *(Reaccionando y levantándose)* ¡Fox! ¡Es Fox!

ROSA ¿Fox?

FOX *(Entre bastidores)* ¡Priiiiince! ¿Estás aquí?

PRINCE Si Fox. ¡Aquí estoy!

ROSA ¿Quién es Fox?

PRINCE Un amigo. Ahora te lo presento.

FOX *(Entre bastidores)* ¡Priiiiiiince! ¿Dónde estás?

PRINCE ¡Aquí, aquí, Fox!

(Fox aparece en escena)

FOX ¡Ay! ¡Menos mal que te encuentro! *(Llega cansado, alterado)*

PRINCE Fox, qué alegría... pero, ¿y tu madre?

FOX En la peluquería. Ha ido a la peluquería. Y yo he aprovechado este ratito para buscarte.

PRINCE Mira Fox, te presento a Rosa

ROSA Hola Fox

FOX Hola Rosa.

PRINCE Bueno... creo que ha llegado el momento.

FOX Y ROSA ¿De qué?

PRINCE ¿De qué va a ser? De crear lazos.

FOX ¡Perfecto! Pero hemos de darnos prisa. Mi madre puede aparecer en cualquier momento.

PRINCE Pues no perdamos tiempo... ¡¡Juguemos!!

ROSA y FOX ¡¡Juguemos!!

PRINCE Al escondite inglés. ¿Os acordáis?

ROSA Y FOX Si, si.

PRINCE Pues adelante, yo me quedo.

(Prince inicia el juego del Escondite Inglés. Intentaremos que Rosa y Fox hagan gestos los más locos posible cuando queden parados) (Entran las tres niñas vanidosas con su móviles. Al principio no les hacen caso, están ensimismadas en sus móviles. Pero una de ellas, al cabo de un ratito, se les quedará mirando)

NIÑA 1 ¿Qué hacéis?

PRINCE Jugar

NIÑA 1 ¿Ju... ju.... jugar? *(Observa los gestos extraños con los que han quedado parados Fox y Rosa)* ¡Ay... qué caras! Jajajajajaja.

PRINCE ¿Quieres jugar?

NIÑA 1 ¿Yo? *(Mira a las otras chicas, como pidiendo permiso o pensando en qué dirán)*

NIÑA 2 No me digas que quieres jugar a ese juego ridículo.

NIÑA 3 ¡¡¡325 Me Gustas!!!

NIÑA 1 *(Duda y mira a unos y a otros)* ¿Puedo?

PRINCE Pues claro. Venga, me sigo quedando yo. *(Juegan, de forma real. Si el que se queda ve moverse a alguno, éste pasará a quedarse)*

PRINCE ¡Vamos! Y ahora... todos a hacer lo que hagan ellas *(Refiriéndose a las dos que quedan sentadas con el móvil)*

(Se trata de que ahora Prince, Fox y Rosa imiten a las niñas que siguen con el móvil, pero lo hacen con gestos muy

exagerados, histriónicos, en plan muy payaso. La Niña 1,
ríe al verlos)

PRINCE *(Haciendo mucho el payaso)* ¡¡70 millones de Me Gustas!! *(Los demás ríen)*

FOX *(Tecleando en un móvil imaginario con gestos muy exagerados)* ¡¡De aquí al infinito de Me Gustas!! *(Todos ríen)*

ROSA *(Tecleando en un móvil imaginario con gestos muy exagerados)* ¡¡De aquí al infinito... y vuelta, de Me gustas!! *(Todos ríen)*

NIÑA 3 *(Que se levanta un poco enfadada)* ¿Por qué os burláis de nosotras?

PRINCE No nos burlamos. Solo estamos jugando.

NIÑA 3 Vale.... ¿Queréis jugar? Pues a ver si sois capaces de imitarme a mí.

(Hará un gesto muy estrambótico, por ejemplo, tirándose una pedorreta. Todos la imitan. Sigue haciendo otro gesto tonto, por ejemplo hacer el mono poniendo caras raras. Todos imitan y ríen. Irán cambiando de unos a otros, haciendo gestos raros y pidiendo a los demás que la imiten. Todos ríen. La Niña 2 sigue sentada con el móvil, aunque de vez en cuando les mirará y reirá también. Estarán así un ratito hasta que Rosa corta)

ROSA ¡Un momento! *(Sale entre bastidores y vuelve inmediatamente con una comba)* ¿Y de este juego os acordáis?

FOX La comba. ¡Perfecto!

(Dos de ellos cogerán la comba e irán saltando uno a uno)
(La Niña 2 por fin se levanta)

NIÑA 2 ¿Puedo?

FOX Claro. *(La Niña 2 salta)*

(Repentinamente se oye a la madre de Fox entre bastidores)

MADRE ¡¡¡FOOOOOOOOOX!!

FOX ¡Mi madre!

PRINCE ¡Sigue jugando, Fox!

(Entra la madre, viene con una peluca muy llamativa y cargada como siempre)

MADRE ¡¡Qué haces Fox!!

FOX Jugando, mamá.

MADRE ¿Ju.... ju..... jugando?

PRINCE Sí, jugando señora. ¿Quiere usted jugar?

MADRE ¿Ju.... ju.... jugar yo? *(Los niños siguen jugando a la comba. La madre los mira y luego mira al público)* A este juego jugaba yo cuando era pequeña.

PRINCE Pues vuelva a ser pequeña, señora, y.... ¡juegue!

MADRE Pero.... ¿Y si me despeino? Acabo de gastarme una pasta en la peluquería.

FOX ¡Vamos mamá! ¡Juega!

MADRE ¡Qué porras! *(Suelta todo lo que lleva y se pone a saltar a la comba. Ríe, ríe mucho y ella misma se despeina)* Jajajajaj, jajajajaja, jajajajaja.

ESCENA MUY LOCA

(Mientras está saltando empieza una música muy movida, puede ser "Whatever you want" de Status Quo, deja de saltar a la comba y se pone a bailar como una loca animando también al público a bailar. Mientras la madre baila, saldrán los Hombres Grises y mirarán extrañados a la madre mientras baila. Prince, Fox, Rosa y las 3 Niñas también se han puesto a bailar con la madre. Los Hombres Grises les miran, se miran entre ellos. Llegado un momento arrojarán al suelo sus maletines y se pondrán a bailar también. Todos bailarán juntos, animando al público también a bailar, incluso Prince o alguno de ellos bajará entre el público para animarlo a bailar) (Poco a poco la música se irá mezclando con el ruido de la avioneta como al principio. Cuando el sonido sea claro Prince empezará a llamar a su abuelo y todos dejarán de bailar)

    PRINCE ¡¡Abueloooo!!

OTRA ESCENA LOCA

(Bajo el sonido de la avioneta, habrá flashes de luz y todos los personajes correrán de un lado a otro del escenario como locos mirando al cielo. Parece que la avioneta les va a caer encima. De vez en cuando todos los personajes, si puede ser al unísono, hacen un gesto de agacharse como si la avioneta les pasara rozando las cabezas. Prince se pondrá en el centro del proscenio y hará los mismos gestos de agacharse mientras llama a su abuelo)

    PRINCE ¡¡Abuelo, Abuelo, Abuelo!!

ESCENA DE IMPACTO: MOMENTO DRAMÁTICO

(Cesa el sonido de la avioneta y el abuelo aparece igual que en la primera escena. Desde uno de los lados del escenario cae desde algo alto. Cae estrepitosamente sobre el escenario. Momento dramático: el abuelo queda tumbado sobre el escenario, inmóvil. Todos le miran asustados. Silencio tenso y dramático. El abuelo no se mueve)

PRINCE   ¡¡¿Abuelo?!!

(Miradas de preocupación entre todos. Prince se acerca al abuelo y lo toca)

PRINCE   *(Dándole unos golpecitos al abuelo)* ¿Abuelo? ¿Estás bien?

(El abuelo no contesta. Sigue inmóvil. Todos los personajes están muy asustados, atónitos, muchos se llevan la mano a la boca)

PRINCE   *(Moviendo un poco más al abuelo)* ¡Abuelo, por favor, contesta!

ABUELO   *(Reaccionando inesperadamente y dando un susto a todos)* ¡¡UUUUhhhhh!

(Todos se asustan, pero al momento se alegran de que el abuelo esté bien. El abuelo ríe)

Fin de la escena de impacto

PRINCE   Eres tonto abuelo. Menudo susto me has dado.

ABUELO   Jajajajajajaja. Me encanta dar sustos a la gente. Me lo paso pipa.

PRINCE   No tiene gracia abuelo. Pensaba que.... bueno.... que...

ABUELO ¿Que me había muerto? Ven aquí, pequeño. Morir forma parte de la vida. Todo nace y muere al final... Pero no hablemos ahora de eso, a ti te falta muuuuuuuucho todavía. ¿Qué? ¿Has conocido el mundo?

PRINCE Un poco complicado abuelo.

ABUELO Sí. Lo complicamos un poco las personas mayores.

PRINCE Bueno, no todas. Tú no, abuelo.

ABUELO Gracias pequeño. Tú debes intentar no hacerlo tan complicado.

PRINCE No sé si sabré hacerlo abuelo.

ABUELO Seguro que sí, pequeño. Lo hiciste muy bien con el Presidente, y con todos, al final les hiciste jugar. Mira, ven aquí. Tú busca siempre LO ESENCIAL. Aquello que es invisible a los ojos, aquello que sólo puede verse con el corazón. Eso es lo más importante. *(Pausa. El abuelo se levanta)* Bueno, pequeño, es hora de irse.

PRINCE ¿Ya te vas abuelo?

ABUELO Sí, pequeño. Es hora de irme.

PRINCE *(Levantándose)* ¿Y dónde vas, abuelo?

ABUELO Ufff... no sé. A viajar, a continuar viajando. Ya sabes que soy muy inquieto. Quizá vaya a conocer otros mundos.

PRINCE ¿Otros mundos? ¿Es que hay otros mundos abuelo?

ABUELO ¿Quién sabe pequeño? Pero yo estoy convencido de que sí.

(Durante esta conversación dos de los Hombres Grises prepararán una tela negra extendida en el suelo)

ABUELO Me voy pequeño. Ya sabes, no lo olvides. No seas nunca un príncipe, pero sí un principito.

(El abuelo, bajo una música tierna, se colocará detrás de la tela negra extendida en el suelo)

PRINCE Abuelo... ¿Vas a volver? *(El abuelo no contesta, está ya situado tras la tela negra)* ¿Vas a volver abuelo?

(En este momento los dos Hombre Grises que extendieron la tela en el suelo, cogerán la tela y la suben haciendo desaparecer al abuelo tras ella. Efecto de luz.

PRINCE ¿Abuelo? *(Cierta inquietud y tristeza en esta palabra)*

(Haremos aquí un pequeño truco de magia. El abuelo desaparece entre bambalinas tras la tela negra. En su lugar se colocará tras la tela sin ser visto otro niño, vestido con la misma ropa del abuelo. Es el abuelo, pero en niño)

PRINCE.- ¿Abuelo, estás ahí?

(Ahora, tras la tela contesta el niño)

ABUPEQUEÑO ¿Pequeño?

PRINCE ¿Abuelo?

ABUPEQUEÑO ¿Pequeño?

PRINCE ¿Abuelo? *(Desconcertado)*

ABUPEQUEÑO ¿Pequeño?

(Los Hombres Grises bajan la tela y todos vemos al niño vestido con la ropa del abuelo)

PRINCE ¿Abuelo, eres tú?

(Quiero hacer aquí un pequeño inciso y explicar un poco todo esto para que se entienda la obra en su totalidad.

Podemos decir, si queremos, que el abuelo ha muerto, se ha ido. En El Principito original una serpiente acaba por morder al Principito, no sabemos si muere o no muere, él lo que quiere es volver a su planeta. Aquí dejamos también el hecho abierto para que cada uno lo interprete a su manera. Pero sí que quiero explicar que el niño que ha aparecido tras la tela es LO ESENCIAL del abuelo, podemos decir que es su alma, su espíritu, y precisamente su alma y su espíritu, su esencia, LO ESENCIAL, es un niño. Ese es el gran mensaje de Antoine de Saint-Exupéry en su obra)

ABUPEQUEÑO Sí. Pequeño. Soy yo. Tranquilo. *(Se quita la chaqueta que lleve del abuelo y se la da a Prince, que se la pone)* Ahora el Principito eres tú. *(La música tierna se desvanece)*

MADRE ¡¡Bueno, bueno, bueno!! Que todo esto está muy bien... pero yo estaba pasando un rato estupendo, el mejor de toda mi vida. ¿Qué pasa con la música? ¡¡Música maestro!!

(Vuelve a sonar a todo volumen "Whatever you want" de Status Quo y todos, animados por la madre, se ponen a bailar. Animan también al público. Mientras bailan poco a poco se hace el oscuro y se cierra el telón)

ET VALE

Islas

**Recreación inspirada en *Romeo y Julieta*
de William Shakespeare**

Obra de Juan José Alfaro Olmedilla

INTENCIÓN DE ESTA OBRA Y SUS PERSONAJES

Permitidme antes de presentar a los personajes, que os haga unas pequeñas aclaraciones sobre la intención de esta obra que creo que os vendrán muy bien a la hora de entenderla e interpretarla mejor. Esta obra de teatro se escribió con la intención de criticar y ridiculizar el creciente ambiente de polarización política y social que se vivía al menos en la época en la que se escribió (2019-2020). Queremos ridiculizar el creciente extremismo en el que se posicionan las ideas, los postulados, dando muy poca o ninguna oportunidad al acercamiento y al entendimiento. Tanto es así, que muchas veces esa polarización se traslada del ámbito político al ámbito social e incluso familiar y de amigos.

Si quisiera representarse en un futuro y, ojalá, ese ambiente ya no existiera, podría ponerse como ejemplo de algo a lo que no debemos volver.

Nos sirvió para ello como base la obra *Romeo y Julieta* de Shakespeare porque en ella existen dos familias, dos frentes, dos grupos, bien diferenciados que están enfrentados por razones ridículas: Montesco y Capuleto.

En medio de este ambiente de enfrentamiento y crispación, aparecen los personajes de Romeo y Julieta, que tanto en la obra de Shakespeare como en ésta, se alejan de la forma de ser de sus familias. Al menos en nuestra obra, gracias al amor y a la amistad, emergen, como si fueran islas, sobre ese mar de insultos y enfrentamiento, y son capaces de llegar a una unificación. De ahí el título que le hemos dado: Islas.

En esa intención de hacer ver lo ridículo del enfrentamiento por el simple hecho de no admitir al contrario, por pensar o ser diferente, y no dar una pequeña oportunidad a la empatía y a la comunicación, hemos querido que los personajes fuesen lo más histriónicos posibles. Y para eso los hemos convertido en payasos. Por eso hemos querido que todos lleven una nariz de payaso.

Para diferenciar bien a los dos grupos, a las dos familias, unos irán vestidos de Blanco, con nariz de payaso blanca y otros irán vestidos de negro, con nariz de payaso negra. Además, en su propia denominación, también se ve ese distanciamiento: *Los de Un Lado* (vestidos de blanco) y *Los del Otro Lado* (vestidos de negro)

Como veréis en la obra, hemos escogido dos razones absolutamente ridículas que son las que provocan que estas dos familias o bandos estén enfrentados. Lamentablemente, si buscamos en la realidad, encontramos a veces razones todavía más ridículas. Estos hechos son, por un lado, un gesto: el hecho de chuparse un dedo. Parece ser que antes todos se chupaban el mismo, pero como uno de los grupos cambió de dedo, ya fue motivo suficiente para tomarlo como una ofensa y un deshonor. Hemos escogido este gesto porque en la obra *Romeo y Julieta* de Shakespeare también se encuentra y es considerado como una especie de insulto.

Y por otro lado hemos escogido una diferencia a la hora de cocinar un plato. Basta que un bando lo haga de una manera diferente al otro para ser también considerado una ofensa y un deshonor. En nuestro caso escogimos las gachas, comida típica manchega. Un grupo las hace con el hígado aparte y otro grupo con el hígado mezclado, como ocurre en distintas partes sobre todo de la provincia de Cuenca. Ni qué decir tiene que si alguien quisiera representar esta obra, podría escoger otro plato más típico de la zona que tenga distintas versiones para cocinarlo, o si se prefiere, cambiar estos gestos (chupar el dedo) o hechos (cocinar un plato) por otros gestos y hechos totalmente distintos siempre que resulte lo más ridículo posible discutir y enfrentarse por ellos.

Este es un poco el espíritu de esta obra, aunque queda abierta a otro tipo de interpretaciones si quisiera ser representada.

Hechas estas aclaraciones poco más queda decir de cómo ha de ser la interpretación de los personajes. Sobre todo la madre y el padre, (en la obra MADREBLA Y PADRENEG), y todos los componentes de cada grupo (Unlado1 – Otrolado1...) deberán tener una interpretación lo más histriónica posible, con gestos y voces muy exageradas y ridículas. Pongo como referencia, si se quiere investigar, a los Payasos de la Tele (Gaby, Fofó, Miliki y Fofito). Si no se conocen, en internet se pueden encontrar muchos vídeos suyos.

Dicho todo esto pasaremos a enumerar a los personajes.

PERSONAJES

MADREBLA   Madre de Julieta. Jefa de *Los de Un Lado*, los de color Blanco.

PADRENEG   Padre de Romeo. Jefe de *Los del Otro Lado*, los de color Negro.

PERSONAJES, Unlado 1 – Otrolado 1.... Y sucesivos
Miembros de cada una de las familias. En nuestro caso son 5 en cada bando, pero pueden ser menos o más.

JULIETA   Miembro de *Los de Un Lado*. Viste de blanco.

ROMEO   Miembro de *Los del Otro Lado*. Viste de negro.

PARISITO   Uno de los miembros de *Los de Un Lado*, los Blancos. Se supone que es el prometido de Julieta, o el que su madre quiere que sea su mejor amigo. En la obra de Shakespeare Paris es el nombre del prometido de Julieta.

DUENDE   Representa la Imaginación. Es el único personaje que viste de colores llamativos y no lleva nariz de payaso. Si el actor o actriz que lo interprete practica la gimnasia rítmica, mejor. Viste maya de colores con una cinta de gimnasia rítmica muy colorida también.

LAS ESCENAS DE CUADROS

Para que no os lleve a confusión quiero explicaros a qué nos referimos exactamente con estas Escenas de Cuadros que veréis durante la obra, mismamente nada más empezar ya hay una.

Llamo Escenas de Cuadros a cuadros escénicos estáticos, es decir, como si de una fotografía o pintura se tratara. Los actores han de componer gestos y quedarse absolutamente quietos, como estatuas. Para que lo entendáis mejor, hay un juego teatral que trata precisamente de esto, de componer cuadros escénicos estáticos. Se muestra un cuadro o fotografía famosa, por ejemplo *Las Meninas* de Velázquez, y se pide a los actores que reproduzcan ese cuadro, asumiendo cada uno, uno de los personajes del cuadro y componiendo sus posturas. Eso es exactamente de lo que se trata.

Pues bien, en estas Escenas de Cuadros los actores deberán componer gestos estáticos de pelea, de lucha, como si les captáramos una fotografía cuando están peleando. Lo han de hacer por parejas en las que cada uno ha de ser de un bando (uno de *Los de Un Lado-Blancos* y otro de *Los del Otro Lado-Negros*). Nosotros utilizamos para estas escenas palos largos que cada uno de los personajes llevaba. Palos blancos para *Los de Un Lado* y palos negros para *Los del Otro Lado*. Con los palos era más fácil componer esas escenas de pelea y lucha. Además utilizamos un foco cenital con un filtro rojo. Las parejas de actores componían ese cuadro y entonces el foco rojo se encendía breves segundos y se les veía. En el oscuro salía otra pareja y componía otro cuadro y se les volvía a iluminar, y así sucesivamente.

LA ESCENOGRAFÍA

Como al principio decía para esta obra no nos hizo falta nada más que un escenario vacío con su cámara negra. Pero para representar las casas de cada uno de los bandos utilizamos una silla de madera antigua con brazos y tres escaleras de madera, de aspecto envejecido. Dos eran del mismo tamaño y otra era un poco más alta.

Dispusimos la silla en el centro del escenario y cerca del proscenio, la escalera más alta detrás de la silla, como a una distancia de 2 metros y cada una de las escaleras pequeñas a los lados, una a la izquierda y otra a la derecha de la silla. Estas escaleras nos sirvieron sobre todo para ser utilizadas por los personajes miembros de los dos bandos (Unlado 1 – Otrolado 1… etc.) de tal manera que se pudiese jugar con el espacio y utilizáramos diferentes alturas.

LA MÚSICA

Para esta obra utilizamos diferentes fragmentos del disco *Islands* de Mike Oldfield, un poco por hacer referencia al título de la obra. Y para las Escenas de Cuadros utilizamos siempre la *Cello Suite Nº 1 in G Major* de Bach. Pensamos que una música tristona como es esta podría hacer un fuerte contraste con estas escenas donde se ven luchas y peleas.

ACTO PRELIMINAR

(Se oye una música y sobre Telón cerrado o mientras se abre o a telón medio abierto aparece un NARRADOR o se oye una VOZ EN OFF)

NARRADOR OFF Estimado público presten mucha atención. Estamos en... un pequeño pueblo, o quizá en un pueblo normal, o a lo mejor en una ciudad, o por qué no en una gran ciudad, no, mejor en un país, en un gran país. La época nos da un poco igual, pero quizá podría ser ésta, la actual, la de ahora mismo. *(Pausa)* ¡Qué lástima! Este pueblo, ciudad o país vivía dividido. Lo poblaban dos grandes familias enfrentadas desde hace tiempo por odios rencorosos, por asuntos turbios y tan rancios que se habían quedado enquistados en ellos como una terrible enfermedad. No se podían ver. Entre ellos no existía la voluntad de acercamiento, de entendimiento. Nada más lejos. Si unos soltaban una acusación sobre los otros, éstos, soltaban otra más grande, y aquellos, otra más grande... y así sucesivamente.... No tenían solución...

ESCENA DE CUADROS

(Comienza la música Cello Suite Nº 1 in G Major de Bach. Con la música y en oscuro terminará por abrirse el telón y todos los personajes, menos Romeo y Julieta, saldrán al escenario. Compondrán distintos cuadros escénicos de pelea y cada vez que compongan uno los iluminará unos instantes una luz roja cenital. Compondrán 4 cuadros escénicos. En el último oscuro las dos familias se ponen cada una a un lado del escenario)

Fin de la escena de cuadros

ACTO I

(Familia: LOS DE UN LADO, familia de Julieta. Vestirán de blanco y con nariz de payaso blanca. Se sitúan al lado derecho del escenario según el público.

Familia: LOS DEL OTRO LADO. Familia de Romeo. Vestirán de negro y con nariz de payaso negra. Se sitúan al lado izquierdo del escenario según el público)

(Cesa la música [Cello Suite — Bach], se da luz general y se ven a las dos familias formadas una a cada lado del escenario)

(Las dos familias actuarán como verdaderos payasos, con una interpretación lo más histriónica posible. Cada familia tendrá un gesto característico y una forma de hablar peculiar: Los de Un Lado, chuparse el dedo pulgar y exagerar las R — Los del Otro Lado, chuparse el dedo meñique y cecear)

MADREBLA ¡Nosotros somos Los de Un Lado!

TODOS LOS DE UN LADO ¡¡Vivan Los de Un Lado!!

MADREBLA ¿Qué nos gusta a Los de Un Lado?

TODOS ¡¡El color blanco!!

MADREBLA ¿Y qué más?

TODOS ¡¡Chuparnos el dedo pulgar!!

(Todos se chupan el dedo pulgar exageradamente)

PADRENEG ¡Nosotros somos Los del Otro Lado!

TODOS LOS DEL OTRO LADO ¡¡Vivan Los del Otro Lado!!

PADRENEG ¿Qué nos gusta a Los del Otro Lado?

TODOS ¡¡El color negro!!

PADRENEG ¿Y qué más?

TODOS ¡¡Chuparnos el dedo meñique!!

(Todos se chupan el dedo meñique exageradamente)

MADREBLA *(Dirigiéndose a Los del Otro Lado)* ¡¡Aquellos son Los del Otro Lado!! ¡Y no nos gustan nada! ¡Nada de nada!

TODOS LOS DE UN LADO *(Con voz feroz)* ¡Nada de nada! ¡Nada de nada!

MADREBLA ¿Y por qué no nos gustan nada?

UNLADO1 ¡Porque hablan raro!

UNLADO2 ¡Y se chupan el dedo meñique!

TODOS *(Se arma un revuelo entre ellos, gritos, como si eso de chuparse el meñique fuese una gran ofensa)* ¡Santo cielo! ¡Qué horrible! ¡Qué asco! ¡Deprimente! *(Se chupan todos los pulgares exageradamente)*

PADRENEG *(Dirigiéndose a Los de Un Lado)* ¡¡Aquellos son Los de Un Lado!! ¡Y no nos gustan nada! ¡Nada de nada!

TODOS LOS DEL OTRO LADO *(Con voz feroz)* ¡Nada de nada! ¡Nada de nada!

PADRENEG ¿Y por qué no nos gustan nada?

OTROLADO1 ¡Porque hablan raro!

OTROLADO2 ¡Y se chupan el dedo pulgar!

TODOS *(Se arma un revuelo entre ellos, gritos, como si eso de chuparse el pulgar fuese una gran ofensa)* ¡Santo cielo! ¡Qué horrible! ¡Qué asco! ¡Deprimente! *(Se chupan todos los meñiques exageradamente)*

(En este momento Madreblan y Padreneg cominezan a dar vueltas cómicamente alrededor de sus familias. Buscan a un miembro de cada una de ellas que no está)

MADREBLA ¡¿Dónde está la niña?!

PADRENEG ¡¿Dónde está el niño?!

(Se forma revuelo entre los miembros de cada familia. Todos se mueven de un lado para otro preguntándose en voz alta Los de Un Lado "¿Y la niña?" y Los del Otro Lado: "¿Y el niño?". Después de un ratito de revuelo hablan)

UNLADO3 ¡Estará leyendo!

UNLADO4 ¡O paseando!

UNLADO5 ¡Vaya usted a saber!

OTROLADO3 ¡A saber vaya usted!

OTROLADO4 ¡Estará paseando!

OTROLADO5 ¡O leyendo!

MADREBLA ¡Un momento, un momento! ¿Habéis dicho leyendo, paseando?

PADRENEG ¡Un instante, un instante! ¿Paseando, leyendo habéis dicho?

UNLADO3 *(dice esta frase escondido en el grupo, no se sabe muy bien quién la ha dicho)* ¡O vaya usted a saber!

OTROLADO3 *(Idem anterior)* ¡Eso!

MADREBLA ¡Bueno basta! ¡Traedla aquí ahora mismo!

PADRENEG *(Mirando a Los de Un lado)* No quiero que parezca que imito a Los de un Lado, pero.... ¡Ahora mismo traedlo aquí!

(De cada familia van dos componentes y traen a la niña y al niño) (Los presentan, que se vean bien y se meten entre el grupo)

MADREBLA ¡Ahora todos en formación! ¡Tenemos que ir a hacer cosas y probablemente nos crucemos con Los del Otro Lado!

PADRENEG Algo me ha parecido oír que Los de un Lado van a salir a hacer cosas. Nosotros hemos de hacer lo mismo, Habrá que evitar cruzarnos con ellos. ¡Todos en formación!

(Se trata ahora que cada familia haga una especie de formación hoplita, compacta, en forma de cuadrado, y se muevan al mismo tiempo como si fueran un todo. Los de Un Lado avanzarán a la izquierda según el público y Los del Otro Lado a la derecha, despacio. Llegará un momento en que los dos grupos se encuentran frente a frente. Entonces con una música graciosa que acompañe los pa-

sos unos darán pasos hacia un lado y otros hacia el otro, hacia la derecha unos y a la izquierda los otros, hasta que encuentren el camino libre y puedan seguir andando)

(Pero justo cuando ya siguen andando, solo la niña y el niño, quedarán quietos, mirándose, solos en el escenario) (Las dos familias llegan al final del escenario y desaparecen. Entre bastidores se oye...)

MADREBLA ¡¡Y la niña!!

PADRENEG ¡Y el niño!!

(En escena quedan solos Romeo y Julieta frente a frente) (Oscuro)

NARRADOR OFF En la familia de Los de Un Lado, los blancos, había una niña. Y en la familia de Los del Otro Lado, los negros, había un niño. Ellos no comprendían esta situación tan ridícula. Se conocían, claro, no les quedaba más remedio, iban juntos al colegio. Pero a veces, llevados por la inercia y la rutina, perpetuaban los comportamientos de sus familias.

(Se ve ahora una escena igual a la anterior, cuando iban todas las familias como en formación hoplita, pero solo el niño y la niña)

JULIETA Hola

ROMEO Hola

(Con la misma musiquita de la escena anterior darán cada uno pasitos hacia un lado y hacia otro, a la izquierda uno y a la derecha el otro. Cuando estén separados seguirán su camino hasta salir del escenario) (Oscuro)

NARRADOR OFF Y el enfrentamiento parecía no tener fin. Todo lo contrario. Ya no era solo rencor, aquello era odio. La voluntad de acercamiento se alejaba cada vez más. Las descalificaciones y acusaciones estaban a la orden del día. Si unos decían de los otros una barbaridad, aquellos les contestaban con otra aún más grande. Pensaban diferente, y ya solo por eso se consideraban enemigos.

(Se ven salir a los dos grupos, en formación hoplita de nuevo, cada uno por su lado del escenario. Pueden oírse mientras salen frases como "Qué barbaridad, qué barbaridad", "Decir eso de mí, pero a quién se le ocurre" "Malditos sean" "Se van a enterar") (Se coloca cada grupo en su lado, Los de Un Lado a la derecha y Los del Otro Lado a la izquierda, siempre con respecto al público)

MADREBLA *(Fuera de sí)* ¡¡Hasta aquí hemos llegado!! ¡¡Esto ya no tiene nombre!!

UNLADO1 ¿Qué es eso que no tiene nombre, señora? *(Viene inocente a preguntar)*

MADREBLA Pues aquello. Eso que me dijo.

UNLADO1 No recuerdo lo que fue.

MADREBLA Pues aquello que…. ¡¡Es igual!!, ¡¡Lo que sea!! ¡¡No me importa!! ¡¡Estos se van a enterar!! *(Se dirige a Los del Otro Lado)* ¡¡Eh, tú!! ¿¡¡Me oyes!!?

PADRENEG *(La actitud de Los del Otro lado es chulesca)* ¿Cómo? Me pareció oír algo, pero no estoy seguro.

OTROLADO1 Un leve susurro me dio la sensación.

MADREBLA ¡No te hagas el tonto, que me has oído bien!

PADRENEG Algo mejor ahora.

MADREBLA Aquí va lo que te tengo que decir. Escúchame bien. *(Se prepara, puede hacer acciones ridículas. Toma aire y grita a pleno pulmón)* ¡¡¡¡CIRUELO!!!!

(Todos Los del Otro Lado hacen un gesto de exclamación llevándose las manos a la cabeza. Ojos muy saltones)

OTROLADO2 Señor, le ha llamado ciruelo.

PADRENEG Eso me ha parecido oír, pero no me imaginaba que se iba a atrever a algo así.

OTROLADO3 No puede permitir eso, Señor. Es una deshonra.

PADRENEG Callad, callad, que le tengo preparado una buena. *(Se dirige a Los de Un Lado)* ¡¡Eh tú!! ¡¿Me oyes?!

MADREBLAN ¡Alto y claro!

PADRENEG Pues prepárate que allá voy. *(Se prepara. Acciones ridículas. Toma aire).* ¡¡¡¡MANZANO!!!!

(Los de Un Lado hacen un gesto de exclamación y se llevan las manos a la cabeza. Ojos saltones)

UNLADO2 Señora, le ha llamado manzano.

MADREBLAN Lo he oído, lo he oído, no estoy sorda.

UNLADO3 ¿Y lo va a permitir? Eso es una deshonra.

MADREBLAN Por supuesto que no. Verás ahora. *(Se prepara. Gestos ridículos. Toma aire)* ¡¡¡¡¡NARANJO!!!!!!

(Gestos y ruidos de exclamación en Los del Otro Lado. Padreneg se prepara y toma aire)

PADRENEG ¡¡¡¡¡¡TOMATO!!!!!!!!

(Gestos y ruidos de exclamación en Los de Un Lado. Madreblan se prepara y toma aire)

MADREBLAN ¡¡¡¡¡¡FRESQUILLO!!!!!!!

(Gestos y ruidos de exclamación en Los del Otro Lado. Padreneg se prepara y toma aire)

PADRENEG ¡¡¡¡¡¡¡AGUACATO!!!!!!!!

(Gestos y ruidos de exclamación en Los de Un Lado. Madreblan se prepara y toma aire)

MADREBLAN ¡¡¡¡¡¡PLATÁNO!!!!!! *(Lo dice así, haciendo la palabra llana)*

(Gestos y ruidos de exclamación en Los del Otro Lado)

UNLADO4 No es así, se ha confundido señora, se dice plátano.

MADREBLAN ¡¡¡No me importa!!! ¡¡Estoy fuera de sí!!!

(Padreneg se prepara y toma aire)

PADRENEG ¡¡¡¡¡¡¡MELONO!!!!!!!!

(Gestos y ruidos de exclamación en Los de Un Lado)

OTROLADO4 ¿Qué dice señor? Eso no existe.

PADRENEG ¡¡¡Me es igual, pues me lo invento!!!! ¡¡¡Estoy fuera de sí!!!!

MADREBLAN ¡¡¡¡A por ellos!!!!

PADRENEG ¡¡¡¡¡A por ellos!!!!!

(Se hace el oscuro y volvemos a una escena de cuadros de lucha como la anterior. Con la misma música: Cello Suite de Bach)

ESCENA DE CUADROS

(Durante esta escena de cuadros se verá salir por cada lado al niño y a la niña, a los que a partir de ahora ya los llamaremos Romeo y Julieta. Mientras se ven los cuadros de lucha, cada uno se sentará en el proscenio, alejados entre sí y con cara muy triste)

Fin de la escena de cuadros

(Finalizada la escena de cuadros y al volver la luz se verán a Romeo y Julieta sentados en el proscenio, alejados. Miradas) (Con una musiquita graciosa y a su ritmo irán acercándose poco a poco, sentados, sin levantarse, hasta que lleguen a estar juntos en el centro del proscenio)

JULIETA Hola

ROMEO Hola

JULIETA ¿Cómo te llamas?

ROMEO Romeo, ¿Y tú?

JULIETA Julieta

OMEO ¡Anda! ¿Te das cuenta? Como en esa obra de teatro. Romeo y Julieta.

JULIETA Si... *(ríe)* ¡Qué curioso! ¿Tú también la conoces?

ROMEO Claro. La van a hacer en el colegio. ¿Te has apuntado?

JULIETA Sí, me he apuntado.

ROMEO ¡Qué bien! Pues nos veremos.

JULIETA Pero tenemos un problema...

ROMEO ¿Cuál?

JULIETA Pues que tú eres de Los del Otro lado, y yo soy de Los de Un lado.

ROMEO Lo sé... Es un fastidio.... Pero a mí no me importa eso.

JULIETA Ni a mi tampoco.

ROMEO Somos iguales

JULIETA Tenemos colores diferentes, pero el color es solo un color. En el fondo somos iguales. Somos personas.

ROMEO Yo pienso igual... Oye... veo que no te chupas el dedo.

JULIETA No me gusta hacer eso. Lo veo una tontería. Tú tampoco lo haces.

ROMEO Me pasa igual, es una ridiculez.

(Silencio) (Quizá una música triste)

JULIETA ¿Qué nos ha pasado Romeo? ¿Por qué nuestras familias están así?

ROMEO No lo sé Julieta. No tiene sentido. Cuando no se quiere escuchar, cuando cuesta tanto ponerse en el lugar del otro. Cuando crees que el que piensa distinto a ti es que está contra ti.... se convierte todo en una espiral de la que es difícil salir.

JULIETA Quizá tu y yo podamos hacer algo.

ROMEO No lo sé Julieta. ¿Pero el qué?

(Silencio tenso. Vergüenza.)

JULIETA Podemos empezar por aquí. *(Se toca la nariz)* ¿Te la cambias?

OMEO ¿El qué?

JULIETA La nariz.

ROMEO ¿La nariz? ¿Qué dices? Como nos vean hacer eso nos matan..

JULIETA *(Mira para los lados a ver si escucha a alguien)* Estamos solos. ¿Te la cambias?

ROMEO Bueno.....

(Se intercambian las narices y suena una música. Quizá algún fragmento de Islands de Mike Oldfield. Romeo y Julieta se levantarán, se cogerán de las manos y comenzarán a dar vueltas) (En ese momento aparece un duende que será una chica con malla de gimnasia rítmica y una cinta de ese mismo deporte lo más colorida posible. Este duende bailará alrededor de ellos) (Cesa la música. Romeo y Julieta se sueltan de las manos)

ROMEO ¿Volveremos a vernos?

JULIETA Seguro, vamos al mismo colegio... y tenemos que hacer esa obra, Romeo y Julieta.

(Repentinamente, y bajo un sonido muy estridente, aparecen por cada lado los padres de cada familia. Siempre con respecto al público por la izquierda Padreneg y por la derecha Madreblan. Los dos se echan las manos a la cabeza al verlos juntos)

PADRENEG *(Grita desaforadamente y hace gestos ridículos)* ¡¡¡¡¡¡AAAAAAHAHHAHHHAHAHHAHHA!!!!!!!

MADREBLAN *(A parte)* Menudo grito ha pegado el condenado. Claro, que la situación lo merece. Ver a estos dos juntos es para eso y más. Ahora me toca a mí gritar. Espero estar a la altura. Tengo que hacerlo más fuerte que el patoso este del Otro Lado. *(Se prepara y grita)* ¡¡¡¡¡¡¡AAAAAAHHHAHAHAHAAAHAHAHAAAAA!!!!!!!! *(Acaba de gritar. A parte)* No ha estado mal.

PADRENEG *(A parte)* Será posible, menudo grito ha soltado. Esto no puede quedar así. Tengo que superarla como sea, si no la honra de Los del Otro Lado quedará por los suelos. *(Se prepara y grita)* ¡¡¡¡¡¡¡AAAAAAAAAAHAHHAHHAHHAHHA!!!!!!! y recontra ¡¡¡¡¡¡AAAAAAAAHHAHHHAAA!!!!!!!!!!!!!!

MADREBLAN *(A parte)* ¡Mecachis! Se me olvidó lo de "Recontra". Repetiré. *(Se prepara)* ¡¡¡¡¡¡¡¡¡¡AAAAAAAHHAHAHHAHAAAAA!!!!!!!!!!! Recontra ¡¡¡¡¡¡¡AAAAAAAAHAHAHAHA!!!!!!!!!!!!! y requetecontra ¡¡¡¡¡¡¡¡¡¡¡AAAAAAAAAAAHHHHAA AA!!!!!!!!!!!!!!!!

(Romeo y Julieta interrumpen esta absurda guerra de gritos)

JULIETA *(Interrumpe a su madre que sigue gritando)* ¿Pero qué hacéis?

ROMEO *(Interrumpiendo a su padre que iba a empezar a gritar)* ¡Ya basta!

MADREBLAN ¿Ya basta? ¿Cómo que ya basta? ¿Qué haces tú con ese niño?

PADRENEG ¿Y tú con esa niña?

ROMEO Nada. Solo hablar.

MADREBLAN ¿Hablar? ¡Pero estáis locos! ¿Cómo vais a hablar?

JULIETA ...... Porque tenemos boca?

PADRENEG *(Dándose cuenta de que llevan las narices cambiadas)* Pero, pero, pero, pero. *(Señalando las narices)* ¡¡¡Llevan las narices cambiadas!!!!

(Madreblan también se da cuenta. Los dos harán sus gestos característicos, cada uno se chupa su dedo correspondiente de forma ridícula)

MADREBLAN y PADRENEG
¡¡¡¡¡¡¡¡¡¡AAAAAAHHHAHAAAAAAAAAHAHAAAAAAA!!!!!!!!!
(Continúan con gestos desaforados)

ROMEO Y JULIETA ¿Pero qué os pasa ahora?

MADREBLAN ¡¡Quitaos eso inmediatamente!!

PADRENEG ¡¡¡Inmediatamenteeeeeeeee!

ROMEO Y JULIETA ¿El qué?

PADRENEG ¡¡¡Las narices, las nariceeees!!!

(Romeo y Julieta se dan cuenta de que todavía las llevan cambiadas. Se miran cómplices y ríen. Se las cambian)

JULIETA ¿Mejor así?

MADREBALN ¡¡¡Niña!!! ¡¡Vuelve a casa inmediatamente!! ¡¡Sin rechistar!!

(Julieta desparece cabizbaja)

PADRENEG ¡¡¡Niño!!! ¡¡Vuelve a casa inmediatamente!! ¡¡Sin rechistar!!

(Romeo desaparece cabizbajo) (Quedan solos los padres. Música de tensión. Miradas asesinas. Dan vueltas en círculo mirándose y acechándose)

MADREBLAN ¡Vosotros tenéis la culpa de todo! Dónde vamos a llegar. Intercambiarse las narices... que os chupéis el dedo meñique lo está echando todo a perder.

PADRENEG ¡No hables tan alto! Fuisteis vosotros los que empezasteis a chuparos el dedo pulgar. Una deshonra para todos.

MADREBLAN ¡Yo me chupo el dedo que quiero! ¡Escúchame bien! Si tu hijo vuelve a acercarse a mi hija yo me encargaré de que lo expulsen del colegio.

PADRENEG ¡Menudo problema! Quizá esa sería la mejor solución. ¡¡Siempre he pensado que es mejor romper que unir!!

MADREBLAN ¡¡¡¡CIRUELO!!!!

PADRENEG ¡Ya estamos! ¿Quieres guerra eh?.... ¡¡¡¡AVESTRUZO!!!!

MADREBLAN ¿Avestruzo?.... ¿Eso es nuevo, no? ¿Me ha llamado avestruzo?.... ¿Qué has querido decir con eso eh?... Espera y verás.... *(Piensa un poco)* ¡¡¡¡JIRAFO!!!!!

PADRENEG ¿Jirafo?.... Esto está pasando de castaño a oscuro. *(Piensa)* ¡¡¡¡¡GORILO!!!!

MADREBLAN *(Piensa, no se le ocurre el insulto)*... Estoooo, a ver... ¡¡¡¡¡ORNITORRINCO!!!!!

PADRENEG ¡¡¿Cómo?!! Esto ya es demasiado. ¡Me voy! ¡Pero que conste que esto no va a quedar así!

(Tendrá lugar ahora una escena propia de payasos. Cuando Padreneg se vaya, tomara su camino pero chocará ridículamente contra Madreblan y caerá al suelo. Se levantará enfadado y volverá a irse pero volverá a chocar

contra Madreblan y caerá de nuevo. Se sucede esta escena varias veces)

PADRENEG *(Desesperado ya al ver que siempre choca con Madreblan)* ¡¡¡¡Quieres hacer el favor de quitarte de mi camino!!!?

MADREBLAN ¿A qué camino te refieres? Yo no me he movido

(Miradas asesinas. Dan vueltas en círculo. Música de tensión. Se paran. Se miran. Musiquita de los pasos. Cada uno se aparta hacia un lado, como al principio, uno hacia la derecha y el otro hacia la izquierda, al ritmo de la música. Se van) (Oscuro)

ESCENA DE CUADROS

(Volvemos a repetir aquí una escena de cuadros de lucha).

Fin de la escena de cuadros

NARRADOR OFF La cosa no parecía tener arreglo. Su enemistad estaba enquistada. Si no piensas como yo, es que estás contra mí. Esa era su filosofía. Pero... estimado público. Sigan atentos. Parece que las cosas no podían ponerse peor... pero sí, sí que podían.

ACTO II

Parte 1

(Estamos en casa de Romeo, de Los del Otro Lado. Una silla en el centro del escenario por todo decorado y las escaleras. En la silla está sentado Romeo. Su padre Padreneg camina de un lado para otro del escenario dando vueltas alrededor de la silla. Visiblemente enfadado)

PADRENEG ¡Cómo has podido hacer esto! ¡¡Cómo has podido hacer esto!!

ROMEO No he hecho nada malo, padre.

PADRENEG ¿Te parece poco verte con una chica de Los de Un Lado y cambiarte la nariz con ella?

ROMEO No hemos hecho mal a nadie.

PADRENEG ¡¡A mí!! ¡¡A tu padre has hecho daño!!

ROMEO No entiendo tus razones padre. Dame solo una.

PADRENEG ¿Razones? ¿Quieres razones? Pues muy bien. 5 te voy a dar. Escucha bien a tus hermanos.

(Saldrán ahora uno a uno los otros miembros del grupo Los del Otro lado. Haremos aquí un pequeño juego escénico. Incluso puede ir una música rítmica que tengan que seguir. Se trata de que el texto lo digan rítmicamente con la música, una especie de Rap. Se colocan en las distintas escaleras de madera formando un cuadro escénico, utilizando diferentes alturas)

OTROLADO1 Los de Un Lado aman el color blanco.

ROMEO ¡Vaya una razón!

PADRENEG Una razón de peso, hijo mío. Nuestro color es el negro.

OTROLADO2 Los de Un Lado hablan distinto a nosotros.

ROMEO Pero somos capaces de entendernos.

OTROLADO3 *(Dramático)* Los de Un Lado se chupan el dedo gordo.

ROMEO ¡Ya empezamos!

PADRENEG No empezamos niño. Chuparse el dedo gordo es un asunto muy feo.

OTROLADO4 *(Muy dramático)* Los de Un Lado comen las gachas con el hígado revuelto.

ROMEO ¡Esto es ridículo!

OTROLADO5 Los de Un Lado no mezclan los garbanzos en la sopa del cocido

PADRENEG ¡Son suficientes razones! ¡No quiero que vuelvas a ver a esa niña! ¿Entendido? *(Para la múscia)*

ROMEO ¡¡Ya basta!! ¡Todo razones ridículas! ¡No os dais cuenta! ¡¡Parecéis payasos!! Bueno…. pobres payasos, qué culpa tendrán ellos. ¡Auténticos bufones ridículos! Eso es lo que sois, Y lo peor es que me lo estáis haciendo ser a mí también. ¡No quiero saber nada de vosotros! ¡Nada me impedirá volver a verla! ¡Mira lo que hago! *(Se chupa el dedo gordo y sale corriendo) (Todos componen gesto de horror)*

PADRENEG ¿¡¿Cóóómoo?!?! ¡¿Qué ha hecho?! ¿Se ha chupado el dedo gordo?. Me da, me da, ahora sí que me da... *(Se desmaya y cae de espaldas, pero otro personaje, ya preparado detrás de él, lo recoge e impide que llegue al suelo. Se lo llevan a rastra) (Oscuro)*

(Ahora estamos en la casa de Julieta. Mismo escenario, misma silla de antes, mismas escaleras de madera. Julieta sentada en ella. Su madre camina y da vueltas a su alrededor) (Se repite una escena idéntica a la anterior, solo que ahora con los Blancos)

MADREBLAN ¡¡Cómo has podido hacer esto!! ¡¡Cómo has podido hacer esto!!

JULIETA No he hecho nada malo, madre.

MADREBLAN ¡¡Con ese niño, no, Julieta! ¡¡Con ese niño... ¡¡NO!!

JULIETA ¿Qué tiene de malo ese niño, madre?

MADREBLAN ¿Qué tiene de malo? Es de Los del Otro Lado, hija. ¡Los del Otro Lado!

JULIETA Vuestras razones son ridículas, madre. Y cada vez lo son más. ¿Hasta dónde pretendéis llegar?

MADREBLAN ¿Ridículas nuestras razones? ¡Más ridículas son las suyas! ¡Hacen cosas muy extrañas! Escucha hija, escucha. No viene mal que las recuerdes. Tus hermanos lo harán.

(Saldrán ahora uno a uno los otros miembros del grupo Los de Un Lado. Haremos aquí un pequeño juego escénico. Incluso puede ir una música rítmica que tengan que seguir. Se trata de que el texto lo digan rítmicamente con la música, una especie de Rap. Se colocan en las distintas escaleras de madera formando un cuadro escénico, utilizando diferentes alturas) (Obsérvese que es una repetición de la escena anterior)

UNLADO1 Los del Otro Lado aman el color negro.

JULIETA ¡Valiente tontería, el color es solo un color!

MADREBLAN Pero el color nos identifica hija mía.

UNLADO2 Los del Otro Lado hablan distinto a nosotros.

JULIETA No tengo problema con eso. Si quiero me entiendo muy bien.

UNLADO3 Los del Otro Lado se chupan el dedo meñique.

LIETA ¡No soporto vuestras estupideces!

MADREBLAN Estupideces no, hija mía. Chuparse el dedo meñique es una cosa espantosa.

UNLADO4 Los del Otro Lado no mezclan el hígado con las gachas.

JULIETA Me da pena oíros.

(Cesa la música)

MADREBLAN ¡Un momento hija mía, un momento! ¿Para qué quieres conocer a ese niño? Si tú ya tienes a tu amigo de toda la vida?

JULIETA ¿Te refieres a Parisito?

MADREBLAN Exacto, ¡Parisito!

JULIETA Parisito es mi amigo mamá... pero últimamente se comporta como todos vosotros.

MADREBLAN ¡Pero qué cosas dices hija! ¿Pues cómo quieres que se comporte? ¡Eso mismo tendrías que hacer tú! Mira hija, que lo vamos a llamar. ¡Parisitooooo! ¡Parisitoooo!

(Aparece Parisito. Gafas de culo de vaso. Se chupa el dedo pulgar)

MADREBLAN Vamos Parisito, dile a tu amiga Julieta cómo te comes tú las gachas.

PARISITO Yo siempre, siempre, siempre mezclaré el hígado con las gachas. Nunca los comeré por separado. *(Ríe y se chupa el dedo)*

MADREBLAN ¿Ves? Hija mía, aquí lo tienes. Un auténtico de Los de Un Lado. Te aviso hija mía. Si ese niño vuelve a verte, haré que lo expulsen del colegio. ¡Sabes que puedo hacerlo!.... Soy la directora *(Cínica)*

JULIETA ¡Eso no, madre, por favor! ¡Estamos en la misma obra de teatro! *(Pausa)* No sé cómo habéis llegado a esto. Sois payasos.... qué digo, pobres payasos. Ellos no tienen la culpa. Sois auténticos bufones ridículos. Tanto vosotros como Los del Otro Lado. ¡Dejadme! ¡Quiero estar sola! Y madre mira, mira lo que hago *(Se chupa el dedo meñique y se va)*

MADREBLAN ¿¡¿Qué ha hecho?!? ¿Se ha chupado el dedo meñique? Me da, ahora sí que me da... Me da, me da.....

(Como una auténtica loca, como una payasa verdadera, comienza a dar vueltas por el escenario, agitando las manos y gritando de forma ridícula. Da así un par de vueltas pero observa que el resto del grupo no hace nada)

MADREBLAN ¿Y vosotros, qué hacéis? ¿Por qué os quedáis ahí mirándome como pasmarotes? Por lo menos podríais acompañarme en mi sufrimiento. ¡Vamos! ¡Gritad y corred conmigo!

(El resto del grupo hace los mismos gestos que Madreblan, todos dando vueltas al escenario, gritando y agitando las manos de forma ridícula. Así poco a poco desaparecen)
(Oscuro) (Música y transición)

Parte 2

(Es de noche. Romeo llega hasta la casa de Julieta y lanza piedras a su ventana) (Con un juego de telas negras se hará el balcón. Por detrás de estas telas y subida a una escalera aparecerá Julieta) (Componentes de la familia de Los de Un Lado espían esta escena sin ser vistos)

JULIETA *(Entre bastidores)* ¿Quién es, quién llama?

ROMEO *(Desde abajo)* Soy yo Julieta. Romeo.

JULIETA *(Se asoma al balcón)* ¡Romeo! ¿Qué haces aquí? No ves que pueden verte. ¡No sé de lo que serían capaces de hacerte si te ven.

ROMEO Solo quería verte. Hablar contigo. ¿Cómo estás después de ese horrible encuentro con nuestros padres?

JULIETA ¿Cómo voy a estar? Dolida, muy dolida. No tienen solución.

ROMEO Es muy difícil Julieta. Tú eres de Los de Un Lado y yo soy de Los del Otro Lado. Creo que nuestro destino está escrito.

JULIETA No te rindas tan rápido Romeo. Solo tu nombre es mi enemigo. Tú, eres tú mismo, seas o no de Los del Otro Lado. ¿Qué es eso de Los del Otro Lado? No es mano, ni pie, ni brazo, ni cara, ni nada que forme parte de una persona. ¡Sé tu otro nombre! ¿Qué hay en un nombre? Lo que llamamos rosa, aunque se llamase de otra forma, seguiría teniendo el mismo perfume. No sé si ellos entenderán esto alguna vez.

ROMEO *(Anonadado por todo lo que acaba de decir Julieta) (Gestos al público de su sorpresa)* ¡Madre mía! ¡Qué bien que has hablado! ¿Quién te enseñó a hablar así?

JULIETA *(Ríe)* No es mía esa frase. Es de Romeo y Julieta. De Shakespeare. La obra que vamos a hacer en el cole, y que yo quiero que tú hagas conmigo. *(Se oyen ruidos entre bastidores. Alguien viene)* ¡Ahora vete Romeo! ¡Corre! Mi madre amenazó con hacer que te expulsaran del colegio si te veían conmigo. Puede hacerlo si quiere, inventará cualquier excusa. ¡Corre! ¡No quiero arriesgarme a eso!

(Romeo va a salir corriendo pero tanto por un lado como por el otro del escenario aparecen miembros de Los de Un Lado y Parisito. Habían estado espiando. Acorralan a Romeo en el centro) (El duende aparece ahora por algún lado y los espía toda la escena siguiente)

TODOS Los de Un Lado ¡¡¡ALTO!!!

(Romeo se detiene asustado) (Menos Parisito que aguarda en un lado, el resto de miembros de Los de Un Lado rodea a Romeo. Hacen gestos exagerados de malos malísimos)

UNLADO1 ¿Qué haces por aquí? Listillo.

UNLADO2 Lo hemos visto todo. Todo de todo.

UNLADO3 Has hablado con Julieta… ¿Verdad?

UNLADO4 Su madre te expulsará del colegio… jajaja.

ROMEO ¡Dejadme en paz! ¡Dejadme ir! *(Lo sujetan)*

PARISITO *(Se acerca)* ¡Soltadlo! *(Habla con Romeo)* Vengo a solucionar esto de una vez….. ¡¡A manotazos!! *(Hace un gesto amplio y ridículo de dar palmadas).*

TODOS ¡A manotazos! ¡A manotazos! ¡A manotazos!

ROMEO ¡Yo me niego a pelear! ¡No conduce a nada!

PARISITO O peleas conmigo, o le diré a mi madre que has vuelto a hablar con Julieta. ¿Sabes lo que pasará, no? Te expulsarán del colegio…

ROMEO Estoy dispuesto a pagar cualquier precio. Pero jamás llegaré a pelear.

PARISITO ¡Pelea, cobarde! *(Le empuja)*

TODOS ¡Pelea! ¡Pelea! ¡Pelea! *(Rodean dando vueltas a Romeo y Parisito. Gestos de malos malísimos)*

(En un momento dado uno de Los de Un Lado empujará a Romeo que chocará con Parisito y éste caerá al suelo…. con tan mala fortuna que de la caída se ha chupado el dedo meñique) (Parisito se levanta, sorprendidísimo. Él mismo

se mira el dedo que se está chupando. Gestos de horror de todos Los de Un Lado)

UNLADO1 ¡Esto es una ofensa!

UNLADO2 ¡Una ofensa tremenda!

UNLADO3 Y fuiste tú el que empezaste.

UNLADO4 Has hecho que Parisito se chupe el dedo meñique

PARISITO Tú me empujaste. Te expulsarán del colegio. Yo me encargaré de ello.

ROMEO ¡¡Yo no he hecho nada!! ¡¡Fuisteis vosotros!!

TODOS ¡Esto es la guerra, la guerra, la guerra! *(Salen corriendo)*

(Romeo queda solo) (Suena una música. Puede ser Islands) (Sobre la música aparecerá el duendecillo que ha estado espiando toda la escena anterior. Baila alrededor de Romeo. Rodea con su cinta de gimnasia rítmica a Romeo. Romeo está muy triste) (Termina de bailar y se sienta al lado de Romeo) (Romeo levanta la cabeza y la ve)

ROMEO ¿Quién eres tú?

DUENDE *(Se asusta. No pensaba que alguien la pudiese ver)* ¡¡Ay!! ¡¡Qué susto!! *(Mira a Romeo)* ¿Cómo? ¿Es que puedes verme?

ROMEO *(Sin comprender)* Pues claro que te veo.

DUENDE ¡Vaya! Pensaba que pasaba totalmente desapercibida, que ya nadie me podía ver.

ROMEO Pero.... ¿Quién eres tú?

DUENDE La imaginación. Soy la imaginación. Alguien que ya no le importa a nadie. Todo el mundo me pierde y se olvida de mí.... Bueno, no sé si tu...

ROMEO Yo nunca, ¡nunca! Me niego a perder la imaginación.

DUENDE Eso está bien. Escucha, quizá te pueda ayudar. Pero no te lo aseguro del todo, como te decía, cada vez estoy más mermada, tengo muchos enemigos.

ROMEO ¿Ayudarme? ¿Cómo?

DUENDE Todo depende de las facultades que haya perdido. Pero en fin. Lo intentaré. He visto todo lo que ha pasado. Sé que tú no has tenido la culpa.... ¿Sabes lo que te pasará ahora, verdad?

ROMEO Me expulsarán del colegio...

DUENDE Eso me temo... tranquilo. Te acusarán además de haber agredido a Parisito.

ROMEO ¡Pero eso es mentira!

DUENDE Lo sé, lo sé Romeo, lo vi todo. Pero esta gente es así. Escucha, atiéndeme bien. Las cosas van a complicarse todavía más. Julieta caerá enferma.

ROMEO ¿¡Enferma!?

DUENDE Tranquilooo. Tranquilo. El hecho de que a ti te cambien de colegio y no puedas hacer con ella esa obra de teatro, lo llevará muy mal, no le sentará bien. Se pondrá enferma. Pero es muy lista. Hará creer que está mucho más enferma de lo que en realidad está, dirá que se muere. Pero su madre, que ya sabes cómo es, pensará que es una venganza de los del Otro Lado por haberte expulsado del colegio. Os acusará de haberla envenenado. Y querrán enfrentarse con vosotros.

ROMEO Pero... pero.... ¿por qué hacen el mundo tan complicado?

DUENDE No lo sé Romeo. Desde que empezaron a abandonarme, a perderme, cada vez está peor. Pero no te preocupes, yo os ayudaré. Julieta pondrá una condición, solo si te ve, se pondrá bien. Vamos, vuelve a tu casa, tu padre te espera. Más tarde te diré lo que tú tendrás que hacer.

(Romeo se va. Suena música y el Duende baila otro poquito) (Poco a poco se va haciendo el oscuro)

ACTO III

(*Sobre el oscuro volverá a hablar el narrador*)

NARRADOR Ya ven, queridos espectadores, lamentablemente la risa se transformó en llanto. La vida es un poco de todo, eso es cierto. Pero por lo visto nos empeñamos demasiado en que las cosas no salgan como nos gustarían. La falta de imaginación, la falta de empatía, el ¡y tu más!, no creo que sean las soluciones. En fin. Ahí tenemos a Romeo, expulsado del colegio, y a la pobre Julieta, enferma. Esas son las consecuencias. Veamos, estamos ahora en la casa de Romeo. Con Los del Otro Lado.

(*Romeo aparece sentado en la silla, igual que antes, cabizbajo, no levanta la cabeza. Su padre le habla*) (*Las escaleras de madera también están*)

PADRENEG No sé si me gusta esta decisión o no me gusta. (*Se chupa el dedo*) Por una parte que te hayan expulsado del colegio no está nada mal, no podrás ver más a esa niña... Pero por otra parte... ¡¡La decisión la ha tomado la inepta madre de Los de Un Lado. ¡Y eso no lo puedo soportar! ¡¡No lo puedo soportar!

(Entran en tropel el resto de los componentes de la familia de Los del Otro Lado. Se colocan en las escaleras)

OTROLADO1 ¡Señor, señor. Traemos noticias!

PADRENEG ¿Noticias, qué clase de noticias? ¿Buenas o malas?

OTROLADO2 Pues no sabríamos qué decirle, señor.

OTROLADO3 Julieta, la hija de Los de Un Lado está enferma.

(Romeo reacciona a la noticia)

ROMEO ¿Enferma?

OTROLADO4 Parece ser que no levanta cabeza

OTROLADO5 Desde que expulsaron a Romeo del colegio.

ROMEO *(Muy enfadado. Sospechoso)* ¡Padre, déjame ir a verla! ¡Te lo ruego!

PADRENEG ¿Verla? ¡¡Jamás!!

ROMEO No os entiendo, padre. ¿Por qué ese odio? ¡¡Yo quiero verla!!

PADRENEG ¡¡Nunca!! ¡¡Nunca volverás a verla!!

ROMEO Sabes qué te digo, padre. ¡¡Me voy, no aguanto más!!

(Romeo sale corriendo)

ADRENEG ¡¡Cogedle, cogedle!! ¡Es capaz de hacer una tontería!!

(Salen primero el resto de miembros de la familia. Luego el padre, tras ellos)

(Oscuro y música de transiciones)

(Se ve ahora el mismo escenario, pero estamos en casa de Julieta, de Los de Un lado. Julieta está en la silla, pero con la cabeza sobre uno de los brazos, no dice nada) (Madreneg habla con su hija) (El resto de componentes estarán por las escaleras)

MADREBLAN *(Muy nerviosa. Camina de un lado a otro)* ¿Qué te pasa, hija mía?.... ¿Por qué no contestas?.... ¿Te ha comido la lengua el gato?

JULIETA Solo sanaré si puedo ver a Romeo.

MADREBLAN ¡¡Eso nunca hija mía!! ¡¡Jamás volverás a ver a ese niño!!

(Julieta vuelve a apoyar la cabeza sobre el hombro de la silla. La Madre está nerviosa)

MADREBLAN ¿Y comer, hija? Tendrás que comer algo.... Ya sé, te haré unas gachas como Dios manda, con el hígado bien mezclado y triturado en las gachas. No como Los del Otro Lado, que se lo comen por separado. No sé cómo les puede gustar eso.

UNLADO1 *(Interrumpiendo)* ¿Y si esto fuese cosa de ellos?

MADREBLAN ¿Cómo?

UNLADO2 ¿A qué te refieres?

UNLADO3 ¡Es verdad! ¡Seguro que ha sido cosa de ellos!

MADREBLAN ¡Haced el favor, explicaros!

UNLADO4 ¡Está claro, ahora lo entiendo todo!

MADREBLAN ¿Queréis hacer el favor de contarme qué pasa?

UNLADO5 ¡Ha sido todo venganza!

MADREBLAN ¿Venganza?

UNLADO1 ¡Está claro! Ellos han hecho enfermar a Julieta por haber expulsado a Romeo del colegio.

MADREBLAN ¡Un momento! ¡Un momento! ¿Eso puede ser verdad?

UNLADO2 ¡Y tan verdad! ¡La han envenenado!

MADREBLAN ¿Envenenado? .... ¡¡¡Esto va a ser la guerra!!!

(Julieta comienza a despertar)

TODOS ¡¡La guerra, la guerra, la guerra, la guerra!!! *(La madre se chupa el dedo meñique) Todos se van. Queda Julieta sorprendida por ver a todos gritando)*

JULIETA ¡¡¡Madre no!!! ¡La guerra no!!! ¡¡Ellos no me hicieron nada!! ¡¡La guerra no!!

(Cae desmayada en el centro del escenario. Como muerta. Música de misterio)

(Oscuro. Música transiciones pero tristona o tensa, no sabemos qué ha pasado con Julieta. Al volver la luz han desaparecido escaleras y silla. Se ve a Romeo solo, sentado en el centro del escenario. Triste)

(Suena música de Islands y aparece el Duende bailando alrededor de Romeo) (Termina el baile)

DUENDE ¡¡Romeo!! ¡¡Romeo!!

(Romeo no contesta)

DUENDE ¡¡Romeo por favor, contesta!!

ROMEO *(Despierta)* ¿Eh? ¿Otra vez tú?

DUENDE ¡No hay tiempo Romeo! ¡Tienes que ir a ver a Julieta!

ROMEO ¿Julieta? ¿Dónde está? ¿Está bien?

DUENDE Bueno... Muy bien del todo no. Cayó desmayada en su casa.

ROMEO ¡Pero qué estás diciendo!

DUENDE Tranquilo. Debes ir a verla. Solo así se pondrá bien.

ROMEO ¿Y dónde está?

DUENDE En su casa.

ROMEO ¿En su casa? ¿Y cómo quieres que pase yo a su casa? ¡Me matarán!

DUENDE No, no hay problema. Todos se fueron. Están preparando la guerra.

ROMEO ¿La guerra?

DUENDE No hay tiempo, vamos. Te lo contaré por el camino.

(Oscuro. Música de transiciones de acción. Se colocan silla y escaleras. Estamos en casa de Julieta. Vemos a Julieta tumbada en el suelo, en la misma posición que quedó cuando se desmayó)

(Entran Romeo y el Duende. Romeo va a ver a Julieta)

ROMEO ¡¡Julieta!! ¡¡Julieta!! ¿Estás bien?... *(No contesta)* ¡¡Julieta, por favor, contesta!!

JULIETA ¿Romeo? ¿Eres tú?

ROMEO Sí, soy yo. ¿Estás bien?

JULIETA *(Se incorpora)* Sí. Ahora sí. ¿Pero... qué ha pasado? ¿Y mi madre?.. *(Se asusta)* Como te vean aquí te matan, Romeo.

ROMEO No te preocupes. No están aquí.

JULIETA *(Ve al Duende)* ¿Y tú? ¿Quién eres tú?

DUENDE ¿Tú también me ves?…. Me lo imaginaba.

(De repente Julieta recobra toda la memoria)

JULIETA ¡¡La guerra!! ¡Mi madre salió como una loca diciendo que iban a hacer la guerra!

DUENDE ¡Exacto! Escuchadme bien los dos. No tenemos mucho tiempo. Ahora soy yo la que necesito vuestra ayuda. Vosotros aún conserváis la imaginación. Debéis de darme fuerzas. Entre vosotros y yo tenemos que evitar esta batalla. ¡Hemos de conseguirlo como sea! O no me quiero imaginar las consecuencias. ¡¡Vamos, rápido!! ¡No tenemos mucho tiempo!

(Se van. Oscuro. Música de transiciones)

(Al volver la luz se oirá una música graciosa. Pueden ser pizzicatos de violín. Habrá una música para cada uno de los grupos. Se desarrolla la siguiente acción: En primer lugar, acompañando esa música, aparecerá el grupo de Los de Un Lado y se colocarán en formación hoplita a la derecha del escenario según el público. Sonará ahora la otra música y a su compás aparecerá el grupo de Los del Otro Lado y se colocarán en formación hoplita a la izquierda del escenario según el público)

MADREBLAN ¡Estoy muy loca!
Mi paciencia es ya muy poca.
Y llegado este momento,
seré piedra, seré roca
y daré fin a este tormento.

¡¡Tu!! ¡Rata inmunda!
¡Animal rastrero!
¡Prepárate a morir!
¡Porque vas a ser el primero!

PADRENEG *(Habla en un aparte sorprendido de que su enemiga hable en verso)* No puedo creerlo. De repente esa alimaña se puso a hablar en verso. ¡Será antigua! En qué siglo cree que vivimos... En el XVI?... Pero no voy a ser yo menos. Por supuesto. *(Se prepara)*
¡Estoy muy loco!
Aguantar puedo ya poco.
Y en este momento llegado
seré peor que el siroco
y daré fin a su legado.
¡¡Tú!! ¡Vieja escoria!
¡Culebra ponzoñosa!
¡A morir disponte!
¡Que yo ya cavé tu fosa!

MADREBLAN *(Aparte. Sorprendida también por la contestación del padre)* ¡Vaya! Hay que reconocer que el condenado tiene su ingenio. Habrá que dejarse de estas pamplinas y recurrir a la artillería tradicional.
¡¡Tú!! ¡Escúchame bien!! ¿Me oyes?

PADRENEG ¡No estoy sordo!

MADREBLAN ¡¡¡ALCORNOQUE!!!

(Todos Los del Otro Lado hacen un gesto exagerado de sorpresa)

PADRENEG ¿Me ha llamado alcornoque? Está utilizando artillería pesada. Veamos... *(Piensa)* ¡¡¡COCOTERO!!!

(Todos Los De Un Lado hacen un gesto exagerado de sorpresa)

MADREBLAN ¡Cómo?! ¿Cocotero? ¿Me has llamado cocotero? Nunca pensé que podrías llegar hasta ahí..... ¡Escúchame bien! ¡¡¡¡ALBARICOQUE!!!

(Todos Los del Otro Lado hacen un gesto exagerado de sorpresa)

PADRENEG ¡Esto está pasando de castaño a oscuro! Debes pensar algo que le duela mucho, mucho... *(Piensa)* ¡¡¡CASTAÑA PILONGA!!!

(Todos Los De Un Lado hacen un gesto exagerado de sorpresa)

MADREBLAN *(Se queda como petrificada con un gesto de enorme sorpresa. Reacciona. Se dirige al resto de los miembros de su familia)* ¿Me ha llamado castaña pilonga? *(A quien le pregunte contesta que sí con la cabeza)* ¿Me ha llamado castaña pilonga, verdad?... ¿Se ha atrevido a llamarme castaña pilonga? *(Hace ahora una serie de gestos andando por el escenario. Gestos de caminar furiosa. Gestos de muy payasa)* ¡¡¡A POR ELLOOOOOOS!!!!

(Oscuro. Se ve como los dos grupos van a enfrentarse y se produce el oscuro antes de que lleguen los unos a los otros. Escena de cuadros)

ESCENA DE CUADROS

Con la música Unacompanied Cello Suite Nº 1 in G Major de Bach se produce una Escena de Cuadros, aunque ésta será un poco diferente a las anteriores. Tiene que ser de gestos más violentos o quizá se puede hacer con un cierto movimiento pero a cámara muy lenta. El caso es que esta escena debe terminar con todos tirados en el suelo, como muertos

Fin de la Escena de Cuadros

ESCENA DE LA RECUPERACIÓN

Con la misma música de fondo aparecerán Romeo y Julieta. Caminarán entre los cuerpos tumbados de las dos familias. Su gesto será de pena y tristeza. Después se dirigirán al proscenio y allí se sentarán cabizbajos con las manos tapándose la cara) (Suena entonces una música que puede ser Islands de Mike Oldfield y saldrá el Duende bailando sobre los cuerpos y haciendo que su cinta de gimnasia rítmica los acaricie. Poco a poco, doloridos, con claros gestos de dolor, irán levantándose y recuperándose todos los personajes. Primero los miembros de ambas familias, que irán colocándose a ambos lados del escenario, según los hemos colocado ya otras veces, formación hoplita) (Se levantarán entonces, también con claros gestos de dolor, Madreblan y Padreneg que quedarán de pie, uno al lado del otro, en el centro del escenario. Romeo y Julieta irán al lado de cada uno de sus padres) (El duende queda apartado observando la escena)

Fin de la Escena de la Recuperación

ROMEO ¿No os da vergüenza?

JULIETA Parecéis niños pequeños, caprichosos y tontos.

(Habla el Duende desde donde esté apartado)

DUENDE ¡Ahora! ¡Ahora es el momento! ¡Recordad que solo vosotros podéis verme, ellos no pueden hacerlo!

JULIETA ¿Romeo? *(Se quita su nariz)*

ROMEO ¿Julieta? *(Se quita su nariz)*

MADREBLAN ¿Qué pretendéis hacer?

PADRENEG ¡No se os ocurra volver a cambiaros la nariz!

(Romeo y Julieta se intercambian sus narices) (Gesto de horror de los dos padres)

ROMEO Y JULIETA ¡Ahora os toca a vosotros!

PADRENEG Y MADREBLAN ¡¡¡¿Cómo?!!!

ROMEO Y JULIETA ¡¡Ahora Duende!!

PADRENEG Y MADREBLAN ¿Duende? ¿Qué Duende?

(Con una musiquita mágica el Duende de la Imaginación entra en escena. Con su música bailará y envolverá con su cinta a los dos personajes, padre y madre. Ellos entonces quedarán paralizados, como hechizados)

PADRENEG ¿Qué sucede aquí?

MADREBLAN ¿Por qué no me puedo mover?

(Terminada la música el duende les quita la nariz a cada uno y queda en el centro de los dos con las narices colgando del cordel de cada una de sus manos. Como los padres

*no pueden ver al Duende piensan que sus narices tienen
vida propia y vuelan)*

MADREBLAN ¿Qué prodigio es este? ¿Qué le pasa a mi nariz?

PADRENEG ¡Mi nariz vuela…. Tiene vida propia!

*(El Duende entonces pone la nariz contraria a cada uno)
(Se quejan mientras lo hace)*

MADREBLAN Y PADRENEG ¡No eso no, eso sí que no!

*(Pero justo en el momento que ya tienen cada uno puesta
su nariz, la Madre la negra y el Padre la blanca, sufren
como un espasmo y quedan mirando al frente con los ojos
muy abiertos)*

JULIETA Ahora queremos que os miréis.

ROMEO Miraros frente a frente, cara a cara.

(Los padres se miran y hacen un gesto amplio de sorpresa)

MADREBLAN ¡Pero si tienes manos…. como las mías! *(mirando sus
manos y las suyas)*

PADRENEG ¡Y tú tienes piernas y pies… como los míos! *(Mirando
sus pies y los suyos)*

MADREBLAN ¡Y tienes también orejas… como las mías! *(Tocando
sus orejas y las suyas)*

PADRENEG ¿Y ombligo? ¿Yo tengo ombligo? ¿Tú también tienes
ombligo?

MADREBLAN ¡Por supuesto, pero eso no te lo enseño!

PADRENEG Entonces… *(Se miran los dos frente a frente)*

MADREBLAN Entonces…

PADRENEG Entonces...

MADREBLAN Entonces...

MADREBLAN Y PADRENEG ¡¡Somos iguales!!

JULIETA Y no sólo iguales. Sois personas.

ROMEO Con los mismos sentimientos, con los mismos deseos, con las mismas necesidades....

MADREBLAN ¿Cómo pude estar tan confundida? ¿Cómo podría verte como una asquerosa cucaracha?

PADRENEG Lo mismo te digo. ¿Cómo podría verte como un gusano infecto?

MADREBLAN Yo ahora mismo... siento hambre... no sé por qué, pero me ha entrado un hambre terrible.

PADRENEG Exactamente como a mí... Siento muchísima hambre... ¿Hacemos unas gachas?

(Repentinamente suena una música de tensión. Esa música deja paralizada a Madreblan, que volverá la cabeza lentamente hacia Padreneg)

MADREBLAN *(Lentamente)* ¿Unas gachas... has dicho? Y... ¿cómo vamos a hacer las gachas?

PADRENEG Pues... venga, acepto. Las haremos con el hígado bien mezcladito...

MADREBLAN ¡¡Bien!! ¡¡Perfecto!!.... Yo las haré. Estáis todos invitados.... Y cómo no... Para la próxima nos invitáis vosotros y las haremos con el hígado a parte

ROMEO Y JULIETA ¡¡Bien!! ¡¡Bravo!!

(Madreblan y Padreneg se abrazan. Abrazan cada uno a su hijo y luego al otro. Comienza a sonar a todo volumen la música de Islands. El resto de familiares intercambian sus narices. Se ve a Roemo y Julieta hablar en un aparte. Y Madreblan y Padreneg hablan de los ingredientes que han de comprar para las gachas) (Todo sobre música potente mientras poco a poco se va haciendo el oscuro)

ET VALE

Lucanor
Sobre cuentos de *El conde Lucanor*

Obra de Juan José Alfaro Olmedilla

ACLARACIONES

Como vais a comprobar los nombres de los personajes que aparecen en esta obra son nombres concretos de los niños y niñas que en su día participaron en su representación. Nos facilitó mucho la tarea para que cada uno supiera cuál era su papel. Decimos esto porque si alguien quiere hacer esta obra no hay ningún problema en que si aquí un personaje aparece interpretado por un chico, lo haga una chica, y al revés.

Como veréis, tuvimos la suerte de contar con un chico que tocaba el trombón. Su sonido apoyaba acciones cómicas en muchos momentos. Podéis hacerlo igual, o con otro tipo de sonido.

En cuanto a la escenografía no nos complicamos demasiado. Tan solo disponíamos de tres escaleras de madera, dos más pequeñas y una grande, que íbamos disponiendo por el escenario de distintas maneras, y además nos permitía jugar con diferentes alturas. Las utilizamos para sustituir a determinados elementos escenográficos como un árbol, un burro... Quien quiera realizar esta obra de teatro puede hacer esto mismo u otra cosa totalmente distinta.

En todas las escenas aparece un Personaje Líder que cada vez irá siendo un niño o niña distinto. Se nos ocurrió hacer alusión al libro *El Señor de las Moscas* de William Golding, donde se utilizaba una caracola para convocar la asamblea.

(Escenario vacío. Oscuro. Luz. Se ve vacío el escenario. Se oye una voz en off)

VOZ OFF Escenario vacío. No hay nada. Nada nos indica dónde estamos, quiénes somos, qué va a suceder. Solo se oye una voz. La mía. Solo se escuchan mis palabras.... Señoras, señores, en este vacío y a partir de ahora: LA PALABRA TOMA LA PALABRA. La Palabra es el buen poder. La Palabra es la flor que sale de tu boca. La Palabra nos enseña, nos acerca, nos explica, nos une. No menospreciemos la Palabra. No la ultrajemos, no la convirtamos en insulto, en veneno... No merece ser tratada así, porque, hace mucho, mucho tiempo La Palabra se convirtió en Cuento... y el Cuento calma, instruye y sana... "Una Palabra tuya bastará para sanarle".

Esa es nuestra intención hoy: Tomar la Palabra como elixir, como jarabe. Jarabe de Cuento. Eso es lo que Lucanor hizo en sus relatos. Sanar con La Palabra.

Imagínense que leen un libro. Escuchen, pueden incluso cerrar sus ojos... porque a partir de este momento: LA PALABRA TOMA LA PALABRA.

(Suena una música. Un grupo de personajes, todos vestidos de negro, van saliendo al escenario. Todos llevan un teléfono móvil. Llevan algunos unas escaleras que dispo-

nen sobre el espacio. Alguno porta un instrumento musical (trombón). Los personajes se colocan adquiriendo distintas poses y ocupando todo el espacio escénico. También sobre las escaleras, o tumbados y apoyando sus pies en ellas) (Cuando ya están cada uno en su sitio se ponen ensimismados a mirar sus teléfonos)

ESCENA 1

ADAM ¡¡Bien!!

ELENA ¡¡Genial!!

DUNIA ¡¡Perfecto!!

LINA ¡¡Fenomenal!!

VÍCTOR ¡¡Increíble!!

NACHO M ¡¡Excelente!!

CHARAF ¡¡Fantástico!!

HERNÁN ¡¡Qué bueno!!

VALERIA ¡¡Buenísimo!!

SARA ¡¡Maravilloso!!

MATEO ¡¡A tope!!

MAÍNA ¡¡Bestial!!

NACHO G ¡¡Fenómeno!!

CARMEN ¡¡Alucinante!!

JULIA ¡¡Espectacular!!

NICOLÁS ¡¡Tremendo!!

MAYA ¡¡Brutal!!

DANIEL ¡¡Buaahh!!

(Pasados unos instantes. Los personajes se irán levantando e irán unos a otros a decirse cosas) (El revuelo es generalizado porque van unos a otros, aunque no todos digan frase) (Las frases que se dirán unos a otros serán las siguientes:

- Mira, mira lo que han dicho de mí.
- Esto es alucinante, mira lo que me han puesto.
- No me lo puedo creer... mira, mira
- Fíjate, llevo más de 200 me gusta
- Esto es fantástico, mira lee.
- El mejor, el mejor... Soy el mejor

(En medio de ese revuelo, uno de los personajes mira extrañado a los demás) (Este personaje será cada vez uno de los niños, y será, como hemos dicho en la introducción, el Personaje Líder, que para hablar cogerá siempre una caracola, emulando el libro El Señor de las Moscas)

ALICIA ¿Se puede saber qué os pasa?

HERNÁN *(Se acerca a Alicia)* Todo lo que dicen de mí es impresionante. Mira *(Le enseña el teléfono)*

ELENA Y de mí

MATEO Y de mí también

VÍCTOR Y más de mí.

ALICIA Ah.... Ya veo... ¿Y quién habla tan bien de vosotros?

DUNIA Mis amigos

ALICIA ¿Amigos?

ADAM Toda mi familia

CHARAF Mucha gente

SARA Todo el mundo

JULIA Los amigos de mis amigos

NICOLÁS Cada vez que publico algo, tengo miles de buenas reacciones

DANIEL Si es que está claro, soy el mejor. ¡El mejor!

NACHO M Y yo, por supuesto. Si no la gente no me lo diría

VALERIA Hay gente que ni si quiera conozco.

ALICIA ¿Cómo?

MAYA Pero eso da igual, mientras hablen bien de ti.

NACHO G Fíjate, ya tengo más de 500 seguidores.

CARMEN Pues eso no es nada, yo supero los 800.

MAÍNA ¡Otro más, otro más! ¡Acabo de conseguir otro más!

ALICIA ¿Y por qué dicen cosas tan buenas de vosotros?

LINA Porque a mí todo el mundo me quiere.

JULIA Si es que... soy perfecta.

ALICIA ¡Un momento! ¿Y no os estarán engañando?

(Reacción general de todos: ¡Anda ya! ¡Qué tontería!)

HERNÁN ¿Engañando? ¿Por qué?

ALICIA ¿No sé? Tanto halago, tanto halago.

MAYA Es bonito que digan cosas buenas de ti.

DUNIA Yo hay veces que me siento flotando

ALICIA ¿Y pensáis que todo eso que dicen de vosotros, es verdad?

DANIEL Cuando lo dicen por algo será.

LINA Todo lo que dicen de mí es absolutamente cierto.

VÍCTOR Y tanto, yo estoy totalmente seguro.

ALICIA Pero si habéis dicho que incluso hay gente que dice cosas de vosotros y ni si quiera los conocéis..

VALERIA La fama, la fama. Eso es lo que tiene la fama.

ALICIA Pero vosotros nos sois famosos.

JULIA Eso lo dirás tú... Yo tengo cientos de seguidores

MATEO A mí me siguen incluso de otros países.

ALICIA A ver un momento. ¿Y no será que quieren algo de vosotros?

MAÍNA ¿Qué van a querer?

NACHO G Eso digo yo... No sé qué van a querer.

CARMEN Yo no tengo nada. No sé qué me van a quitar.

ALICIA Eso no es cierto... ¿Y vuestra intimidad?

ELENA ¿Nuestra qué?

ALICIA Está claro que no sabéis donde os estáis metiendo. Aquí os hace falta un consejo. Un buen consejo. ¿Conocéis el cuento de la Zorra y el Cuervo?

(Todos hablan en tropel. Cuchicheos: qué cuento – no sé de qué habla – no tengo ni idea – la zorra y el cuervo)

SARA Yo sí, yo sí lo conozco

NICOLÁS También, también lo conozco yo.

ALICIA Pues venga, que ese cuento os va a dar un buen consejo. Preparadlo todo. Sara, tú serás el Cuervo, y Nicolás, tú la Zorra.

(Lo preparan todo. Utilizaremos escalera al centro como árbol y algunas telas para los personajes) (Habrá un baúl de mimbre con telas y objetos. De este baúl sacarán todo lo necesario. Seguramente que a la hora de buscar los objetos o telas necesarias pueda generarse algún diálogo (Ejemplo: "Esto puede servirte de queso") Este diálogo se decidirá en los ensayos)

ALICIA *(Cuando ya esté todo preparado)* ¡Estad todos muy atentos! Este es el Cuento de la Zorra y el Cuervo. Observad lo que le pasó a un Cuervo que guardaba en su pico un trozo de queso. Mirad cómo la Zorra consiguió quitárselo.

(Cambio de luz – Alguna música de transición de escenas)

(Entra en escena el Cuervo)

CUENTO 1

CUERVO Oh! Menudo trozo de queso acabo de encontrar. Con esto me despreocuparé de buscar comida al menos en dos o tres días. Lo cogeré y me subiré a lo alto de un árbol donde nadie me moleste y allí me lo comeré.

No quiero exponerme aquí abajo a que alguien me lo quite.

(Se sube al árbol – Escalera) (Entra el zorro, olfateando) (Ve al cuervo sobre el árbol con el trozo de queso) (Comienza una música, un ritmo creciente, y que vaya también sonando desde muy piano a muy forte, que puede ser hecho por el resto de niños, con las manos o con algún pequeño instrumento de percusión)

ZORRO Vaya, vaya, amigo Cuervo. Cuánto tiempo sin saber de usted. Hace mucho que oigo hablar de vos y de vuestra nobleza y hermosura. Os busqué por todas partes y hoy es mi día de suerte, porque al fin os encontré. Todo el mundo piensa que el color de vuestras plumas y de vuestros ojos es demasiado oscuro. Como las cosas negras no son tan bonitas como las de otros colores, os llaman feo, pero se equivocan absolutamente. Es verdad que vuestras plumas son negras, pero de un negro tan intenso y brillante que veces despide reflejos de añil. Y vuestros ojos son negros, pero precisamente el negro es el color que menos cansa a la vista. Y como Dios siempre pone los 5 sentidos en todo lo que crea, estoy seguro que no habrá consentido que alguien tan perfecto como vos le falte la gracia de cantar mejor que todas las demás aves. ¡¡Oh!! Si yo pudiese oír vuestro canto. ¡Oh! Si vos fueseis tan amable de dejarme oír vuestra delicada, tierna y aterciopelada voz. ¡Oh! Si quisierais deleitarme con esa música celestial que sale de vuestro pico...

CUERVO *(Inicia a cantar)* ¡¡¡ccuuujjajujjajjjaaahjjj!!! *(Se le cae el queso de la boca) (El zorro se apresura a cogerlo) (Climax musical. La percusión que han ido haciendo los niños puede culminar en este momento con un grito, un ¡¡AHH!! De todos a la vez. Seguido de un sonido gracioso de TROMBÓN)*

ZORRO Jajajaja. ¡Os engañé, Cuervo ridículo! ¡Te mentí en todo lo que te dije! ¡Eres negro y feo! ¡Ahora el queso es mío! *(Se larga corriendo) (Música de transición) (Se recompone el escenario)*

ALICIA ¿Veis lo que le ocurrió al Cuervo? No os dejéis engañar por los que tanto os adulan, por los que tanto os dicen cosas bonitas... No sabéis quién puede estar detrás, y sobre todo, no sabéis qué es lo que quieren de vosotros. Al Cuervo solo le quitaron el queso... A vosotros os pueden quitar algo más... vuestra intimidad.

(Oscuro – Música transición)

ESCENA 2

(Tras el oscuro, los niños han vuelto a recomponer los elementos como estaban al principio y vuelven a situarse en las mismas posiciones del principio con sus móviles. Salvo Maína, que estará sentada en el proscenio leyendo un libro) (Personaje Líder)

ADAM ¡Caca de móvil!

ELENA ¡Puf… ya se me ha bloqueado!

DUNIA ¡No tengo cobertura!

LINA ¡No tengo wifi!

NACHO M ¡No tengo 5G!

CHARAF ¡Qué lento va!

HERNÁN ¡No funciona el whatsapp!

VALERIA ¡No funciona Instagram!

SARA ¡No funciona TikTok!

MAYA ¡No funciona nada!

NACHO G Vaya fotos malas

CARMEN ¡Estoy harta! Debería de tirarlo ahora mismo.

JULIA Pues yo tengo el último modelo.

DANIEL ¿El último modelo?

(Todos se acercarán a ella: diciendo.. ¿A ver, a ver?, ¡Qué flipe!, ¡Qué pasada!) (Se miran los unos a los otros. Con un gesto y sonido de desprecio dejan sus móviles en el suelo. Se acercan al proscenio y todos al unísono dicen:)

TODOS ¡Quiero el último modelo!

(En ese momento suena el teléfono de Maína que durante todo el rato ha estado leyendo el libro) (Todos se ponen a un lado del escenario y miran a Maína)

MAÍNA Dime mamá. *(Habla por teléfono)*...... Sí........... Vale............. En cuanto termine....... A las 8......... No te preocupes........... Mmm.... Mmmmm .... Mmm. ... *(Mientras habla el resto en grupos de 2 o 3 se acercarán a ella y harán gestos) (Maína termina de hablar y se levanta, todos la observan)*

MAÍNA *(Mira a todos)* ¿Se puede saber por qué me miráis así?

MAYA ¿Ese móvil es antiguo, no?

MAÍNA Sí... ¿Y qué?

VALERIA ¿No tiene whatsapp?

MAINA No *(Reacción de todo el grupo. Puede sonar además el trombón)*

DANIEL ¿Ni Instagram?

MAÍNA No *(Reacción de todo el grupo. Puede sonar además el trombón)*

DUNIA ¿Ni TikTok?

MAÍNA No *(Reacción de todo el grupo. Puede sonar además el trombón)*

HERNÁN ¿No puede hacer fotos?

MAÍNA No *(Reacción de todo el grupo. Puede sonar además el trombón)*

LINA ¿Ni vídeos?

MAÍNA No *(Reacción de todo el grupo. Puede sonar además el trombón)*

SARA Vamos, que no tiene internet...

MAÍNA ¿Se puede saber por qué os importa tanto todo eso?

JULIA Un móvil ahora sin internet y que no pueda hacer fotos no vale para nada.

MAÍNA Con que me puedan llamar y que me llamen, para mí es suficiente.

ADAM Si no tienes Redes Sociales, es como si no existieras.

MAÍNA ¡Un momento! *(Coge la caracola)* Me parece muy bien que queráis hacer fotos, comunicaros por Whatsapp y por Redes Sociales... Pero, no os estáis dando cuenta de lo más importante. ¿Pensáis que todo, todo el mundo puede tener un móvil de último modelo?

(Reacciones de todos, unos dudan, otros dicen que sí, otros le dan la razón)

MAÍNA Todos deberíamos aprender a valorar lo que tenemos... ¿Conocéis el cuento del hombre pobre que no tenía otra cosa para comer y tuvo que conformarse con sólo cacahuetes?

MATEO ¡Yo sí, yo lo conozco!

VÍCTOR ¡Yo también, yo también!

MAÍNA Venga, pues tú Mateo serás el hombre pobre. Y tú Víctor, el que va detrás.

(Se buscarán elementos para cada uno en el baúl)

(Cambio de luz – Alguna música de transición de escenas)
(Mateo se sitúa en el centro de la escena. Luz cenital)

CUENTO 2

(Ritmito con xilófonos hecho por los propios niños)

MATEO *(Come un cacahuete y tira las cáscaras al suelo)* ¡¡Oh!! ¡¡Qué desdicha la mía!! *(Come un cacahuete y tira las cáscaras al suelo)* ¡Quién me ha visto y quién me ve! *(Come un cacahuete y tira las cáscaras al suelo)* Yo antes era un hombre rico y poderoso. Disfrutaba de grandes palacios. No me faltaba de nada. *(Come un cacahuete y tira las cáscaras al suelo).* Vestía lujosas prendas...
(En ese momento, arrastrándose, sale Víctor a escena, y va recogiendo las cáscaras de cacahuetes que Mateo va tirando) (Cambia el ritmo con los xilófonos)
Comía exquisitos manjares. Viajaba cuanto quería y a mi servicio estaban muchos hombres y mujeres. *(Come un cacahuete y tira las cáscaras al suelo)* Y ahora... ¡miradme! La mala fortuna me hizo perderlo todo. *(Sigue comiendo cacahuetes y tirando las cáscaras al suelo.*

Víctor ávido las recoge) ¡No tengo nada para comer! Si no llega a ser por estos míseros cacahuetes, moriría de hambre.... *(Sigue comiendo cacahuetes y tirando las cáscaras al suelo. Víctor ávido las recoge)* ¡¡Oh!! ¡¡Qué desdichado soy!! *(Se da cuenta de que Víctor está recogiendo las cáscaras que tira)*

MATEO ¿Eh? ¡Y vos quién sois! ¿Qué hacéis?

VÍCTOR No os alarméis, buen señor. Mi intención no es robarle ni causarle ningún mal. Tan solo recojo las cáscaras.

MATEO ¿Cómo? ¿Y por qué recogéis las cáscaras que yo voy tirando?

VICTOR Veréis... Yo hace un tiempo era mucho más rico que vos. Pero también la mala fortuna me llevó a la pobreza. Una pobreza tan grande que no tengo nada para comer... Y al ver que vuestra merced no necesitaba las cáscaras y las arrojaba al suelo, me sentí el hombre más afortunado, pues al menos ya tengo algo que llevarme a la boca y algo para hacer fuego y calentarme.

MATEO ¡Pero las cáscaras! ¿Será capaz de comerse las cáscaras?

VICTOR Mejor eso que nada, buen señor.

(Oscuro) (Vuelve la luz. Están todos dispuestos de forma diferente)

MAÍNA ¿Entendéis ahora? Hay que valorar lo que cada uno puede tener, por poco que sea. Porque otros quizá se conformen con mucho menos.

(Oscuro – Música de transición) (Todos vuelven a la situación inicial)

ESCENA 3

IMPORTANTE PARA TODOS LEER ESTAS ACOTACIONES.

(Los personajes vuelven a estar colocados por distintos sitios del escenario. Cada uno con su móvil. En un momento dado todos, menos uno, [Nicolás], dejan sus móviles en el suelo y hacen gestos de aburrimiento. Nicolás sigue trasteando con su móvil. Está mandando un mensaje a un grupo donde están todos. Repentinamente se oyen múltiples sonidos de llegada de mensaje de Whatsapp. Todos cogen curiosos su móviles y lo consultan) (Puede sonar una música con un poco de tensión en este momento) (Todos se miran entre sí, sorprendidos. Nicolás mira a los demás con cara sonriente, de pillín) (Vuelven todos a mirar el móvil y empiezan a poner caras de sorpresa, de asombro) (Poco a poco todos los personajes se irán poniendo en grupos de 2, salvo Nicolás que queda aparte)

ADAM ¿Lo has visto, no?

NACHO M Sí, sí, claro.

ADAM ¿Y qué vas a hacer?

NACHO M *(Mira a Adam con cara de pillín)* Yo voy a ir *(pillín, como sabiendo que es algo que no está bien)*

ADAM *(Cómplice también)* Yo también, yo también voy a ir. ¿Hablamos esta noche?

NACHO M Sí, hablamos.

(Otra pareja)

LINA ¿Qué te parece esto?

DUNIA No sé, yo no lo veo muy claro

LINA Yo tampoco. ¿Y esta noche te conectarás?

DUNIA No lo sé... a lo mejor.

(Otra pareja)

ELENA Estos están locos, ¿tú qué piensas?

JULIA ¡No me digas! ¿Te va a dar miedo?

ELENA No sé, ese lugar parece peligroso.

JULIA ¿Peligroso? No digas tonterías. Hablamos esta noche.

ELENA Pero es que mis padres no quieren que utilice el móvil por la noche...

(Otra pareja)

MAYA ¿Y dónde está ese lugar?

VALERIA Creo que está aquí cerca del pueblo

MAYA ¿Y cómo lo sabe el youtuber Morenius?

VALERIA Estuvo aquí hace poco, ¿no lo recuerdas?

MAYA Me encanta Morenius... Yo creo que voy a ir.

VALERIA Yo creo que me lo voy a pensar. De todas formas esta noche hablamos.

MAYA Tendré que cogerle el móvil a mi madre...

(Otra pareja)

VÍCTOR Yo pienso que esto es meternos en un lío.

MATEO ¡Anda, no seas *cagao*, si no pasa nada!

VÍCTOR Mis padres siempre han dicho que no me acercara por ahí.

MATEO No digas tonterías. Los de 1º de ESO fueron el otro día, hicieron todo lo que decía Morenius, y no les pasó nada. Se lo pasaron fenomenal.

VÍCTOR Bueno, luego te diré si te conectas esta noche.

(Otra pareja)

HERNÁN ¿Quién es el Morenius ese?

DANIEL ¿No lo conoces? El mejor Youtuber e Influencer del mundo.

HERNÁN Pues… no sé. ¿Y por qué quiere que vayamos a ese sitio?

DANIEL Dicen que es alucinante. Yo me conectaré esta noche a ver en qué quedamos.

HERNÁN Yo no sé si podré. El móvil no puedo utilizarlo por la noche.

(Otra pareja)

CHARAF No se os ocurra ir allí. Es muy peligroso.

NACHO G Y tú qué sabrás si no has ido nunca.

CHARAF Pero sí fue mi hermano. Y mira en el lío que se metió.

NACHO G Pero no tiene nadie por qué enterarse.

CHARAF Vosotros veréis, pero conmigo no contéis.

(Otra pareja)

CARMEN ¿Tú te conectarás esta noche?

ALICIA Pues no sé... tendría que hacerlo sin que se enteren mis padres.

CARMEN A mí mi hermana mayor me deja el móvil. Así que se lo pediré esta noche

ALICIA Yo lo veo muy difícil. No sé, por una parte me atrae... pero por otra, veo que podemos meternos en un lío.

CARMEN Bueno, un poquito de miedo también me da... Pero puede ser una aventura.

ALICIA Creo que hay muchas otras formas de vivir una aventura que no seguir a lo que te diga un descerebrado.

(Otra pareja)

SARA ¿Tú que vas a hacer?

MAÍNA ¿Yo? Nada, si ni siquiera sé de qué va todo esto. Mi móvil no tiene Whatsapp.

SARA Pues sabes lo que te digo. Que estoy contigo. Creo que es una locura.

MAÍNA No sé de qué va... pero seguro que no es nada bueno.

(Todos los personajes vuelven a sus posiciones iniciales. Hay un pequeño intervalo de tiempo. Entonces Nicolás, que habrá estado a un lado de la escena, encerrizado en su móvil, se levantará y hablará)

NICOLÁS Bueno.... Entonces, ¿Vais a venir o no?

(Poco a poco los personajes se moverán y formarán dos grupos, a la izquierda del público los que están a favor de ir, y a la derecha del público, los que no)

ADAM Yo lo tengo muy claro. Yo voy a ir, por supuesto. Esta noche lo hablamos todo.

LINA Creo que es una locura.

ELENA Como se enteren nuestros padres...

VÍCTOR Además yo esta noche no podré hablar. No tengo el móvil por las noches

MATEO ¡Cagaos! ¡Sois unos cagaos! *(Ríen todos los del grupo que sí van a ir)*

DANIEL ¡Venga, no os rajéis! Ya veréis como lo pasamos bien.

CHARAF ¡Os vais a meter en un lío!

MAYA Vosotros veréis. A mí me flipa Morenius... Así que yo sí voy a ir.

(Sara se pone en el centro: Personaje Líder. Coge la caracola)

SARA ¡Un momento, un momento, por favor! Mirad, chicas y chicos. Creo que no estáis pensando con la cabeza. Creo que no se puede hacer cualquier cosa solo por lo que lo diga cualquier YouTuber por muy famoso que sea... Se me está ocurriendo una cosa.... ¿Conocéis aquel cuento de un ciego que conducía a otro?

(Voces de "no, yo no, no lo conozco")

JULIA ¡Yo sí, yo sí! ¡Yo lo conozco!

ELENA El cuento de los dos ciegos. ¡Yo también lo conozco!

SARA Muy bien, pues tú Julia serás uno de los ciegos y tú Elena, el otro. *(Mira en el baúl)* Con que os pongáis estas cosas, servirá. *(Julia y Elena se preparan para*

el cuento. Llevarán al menos cada una unas gafas de sol, un sombrero negro y una vara) (Todos preparan la escena. Se retiran cosas del centro) (Música de transición) (Julia se sitúa en el centro – Luz cenital)

CUENTO 3

ELENA ¡Pobre de mí! ¡Qué mala suerte la mía! ¡Qué fatalidad! ¡Quedé ciega por accidente y ahora lo he perdido todo! ¡¡Todo!! ¡Ahora soy pobre! ¡Muy pobre! ¡No tengo casi ni para comer!

(La otra ciega ha estado escuchándole. Sale a escena)

JULIA ¡Eh!, ¡Escucha! ¡Amiga, estás ahí!

ELENA *(Se asusta. Empieza a dar palotazos con su vara)* ¿¡¡¿Eh?!!? ¿Quién eres tú? ¡¡Aparta ladrón!! ¡¡Soy pobre y no tengo nada que te puedas llevar!!

JULIA ¡No! ¡Tranquila, tranquila! ¡No soy un ladrón! Soy otra ciega, como tú. Que también lo perdió todo.

ELENA ¿Y qué quieres de mí? En poco te voy a poder ayudar

JULIA ¡Tranquila, tranquila! He oído tus lamentos. Yo también lo perdí todo al quedar ciega... Pero escúchame bien. No lejos de aquí hay un lugar maravilloso, una ciudad donde todo el mundo vive bien y no les falta de nada. ¡Podemos ir hasta allí, seguro que si empezamos pidiendo limosna la gente se apiadará de nosotras, y poco a poco podremos salir adelante y vivir dignamente!

ELENA Ya sé de qué lugar me hablas. Y creo que no estás en tus cabales. Para llegar hasta allí hay que tomar un camino muy peligroso, con miles de obstáculos, pasos muy difíciles y ¡¡¡lleno de pozos!!! Está claro que, ciegas como somos, antes de llegar acabaremos descalabradas.

JULIA Por eso no te preocupes. Yo conozco muy bien el camino, lo hice un montón de veces cuando era joven y todavía podía ver.

ELENA ¿Pero estás segura? Te repito que hay infinidad de pozos. ¿No crees que siendo ciegas podamos terminar cayendo a alguno?

JULIA No tengas miedo. Yo te acompañaré y te guardaré de todo peligro.

ELENA Está bien. Te haré caso. ¡Andando, que yo te sigo!

(Comienza una musiquita hecha por los niños — Puede ser percusión o con los xilófonos u otros instrumentos)

IMPORTANTE PARA TODOS LEER ESTAS ACOTACIONES

(Comenzará ahora una escena muy graciosa en la que Julia va delante y Elena detrás. Se compondrá la escena en los ensayos, pero básicamente se trata de que den unas vueltas por el escenario y vayan chocando con todo. Hasta que en un momento llegarán al proscenio y caerán del escenario. Caerá primero Julia y seguidamente Elena)
(Nacho las irá siguiendo todo el rato con el trombón y cada vez que choquen con algo hará un sonido. Y cuando caigan del escenario, hará otros sonidos más largos o más graciosos)

(Acabado el cuento, Sara los reúne a todos)

SARA   ¿Os dais cuenta ahora?. Si un ciego sigue a otro ciego, los dos caerán en el hoyo. Vosotros estáis como ciegos, os ciegan esos personajes famosos, que a su vez, están ciegos también porque viven fuera de la realidad. Espero que hayáis aprendido la lección. Si seguís sus consejos, nunca se sabe dónde podréis acabar.

(Oscuro) (Música de transición) (Vuelve a colocarse todo el escenario y los personajes en la posición inicial)

ESCENA 4

(Estarán todos en la posición inicial. Tienen los móviles pero no les hacen caso, están como aletargados. Al ratito vuelve a sonar repetidamente el sonido de llegada de un mensaje de Whatsapp. Todos cogen sus móviles al instante. Los miran. Empiezan a hacer gestos de sorpresa uno por uno en este orden: Lina, Adam, Elena, Dunia, Víctor, Nacho M., Charaf, Hernán, Valeria, Sara, Mateo, Maína, Nacho G., Carmen, Julia, Alicia, Nicolás, Daniel)

NACHO M Pero... ¿Se puede saber qué es esto?

(Algunos ríen)

NACHO M ¡Se puede saber de qué os reís! ¿Os hace gracia lo que le han hecho a esta pobre chica?

ALICIA ¡No hay derecho!

HERNÁN Me imagino quién habrá sido.

VALERIA Desde luego, pobrecilla

MATEO ¡Menudo marrón!

VÍCTOR Ya te digo

MAÍNA ¡Qué vergüenza!

ADAM Ya verás mañana en el colegio.

JULIA *(Mirando el móvil)* ¡Es que es muy fuerte!

DANIEL Es fuerte y es horrible

DUNIA A mí también estuvieron a punto de hacérmelo...

LINA *(Mirando el móvil)* Es que es espantoso.

MAYA Pero a ellos nunca les pasa nada.

ELENA Es verdad. Siempre se van de rositas

NICOLÁS Claro, se creen los más fuertes.

CHARAF *(mirando el móvil)* ¡Mirad, y siguen compartiendo la foto!

CARMEN Está ya por todos sitios.

NACHO G ¡Esto es una locura!

(Silencio. Miran los móviles. Vuelven a sus posiciones iniciales. Rutina) (Nacho M. coge la caracola. Personaje Líder. Además hace un sonido estridente con el trombón)

NACHO M ¿Y qué, chicas y chicos? ¿No pensamos hacer nada?

(Se oyen "pufff" – "menudo lío" – "yo no sé"...)

NACHO M ¿Qué pasa chicos?... ¿Nos vamos a quedar así, impasibles?

(Con una música tensa todos se irán poniendo delante de Nacho Murcia)

NACHO M ¿Qué es esto, chicos? ¿De verdad no pensamos hacer nada?

(Todos a la vez agacharán la cabeza. Con la cabeza aga- chada dirán)

TODOS ¿Qué podemos hacer nosotros? *(Y todos a la vez se darán la vuelta y darán la espalda a Nacho Murcia)*

NACHO M ¡Eso es! ¡Muy bonito! Miramos para otro lado y se aca- bó. ¿No? ¡Basta, chicos, basta! *(Otro sonido estridente* *del trombón)* ¡Está claro que no conocéis el cuento de Los Dos Amigos y el Oso.... Verdad?

MAYA ¡Yo sí lo conozco!

VALERIA ¡Yo también, yo también!

CHARAF A mí me suena... pero no me acuerdo bien.

NACHO M ¡Perfecto! Tú Charaf serás entonces el oso *(Busca algún complemento y se lo da)* Con esto servirá. Y vosotras dos, Maya y Valeria, seréis las dos amigas.

(Todos preparan la escena – Música de transición)

CUENTO 4

(Entran Maya y Valeria. Se sientan en el centro)

VALERIA ¡Un día precioso para disfrutar del campo!

MAYA ¡Precioso, sí... y más en buena compañía!

VALERIA ¡Gracias! Siempre seremos buenas amigas.

MAYA ¡Siempre lo seremos!

(En ese momento se oye un rugido entre bastidores)

MAYA ¿Has oído?

VALERIA ¿No... el qué? *(Vuelve a oírse el rugido más fuerte)*

MAYA ¡Parece un rugido!

VALERIA ¿Un rugido?

MAYA ¡¡Un oso!! ¡¡Es un oso!! *(Se oyen los rugidos cada vez más fuertes) (Acompañamos esta escena con sonidos* *también del Trombón) (Algún ritmo entre todos durante toda esta escena)*

(Gritan las dos y corren desorientadas por el escenario)
(Habrá una escalera alta colocada previamente en el centro del escenario. De repente Maya se sube a lo alto de la escalera)

MAYA ¡Aquí estaré a salvo! El oso aquí no me podrá alcanzar.

VALERIA *(Desde abajo)* ¡¡Ayúdame, amiga!! ¡¡Por favor!! ¡¡Sabes que yo soy más débil y no puedo trepar al árbol como tú!! ¡¡El oso me devorará en cuanto llegue!! *(Siguen oyéndose rugidos)*

MAYA Lo siento. Pero aquí solo cabe una persona.

VALERIA ¡¡Por favor!! Seguro que un hueco me puedes hacer

MAYA El árbol no aguantará nuestro peso

VALERIA ¡¡Por favor!! ¡¡Ayúdame!!.... ¡¡Ayúdame!! *(Entre las súplicas de Valeria, Maya mirará hacia otro lado, ignorándola, incluso se pondrá a silbar indiferente)* ¡¡Siempre dijiste que serías mi amiga!! ¡¡Ayúdame!!

(En ese momento entra Charaf. Es el oso) (Valeria, asustada, tomará una decisión)

VALERIA ¡Ya sé lo que haré! ¡Me haré la muerta! Dicen que los osos no comen animales muertos. *(Se hace la muerta. El oso se le acerca, la olisquea, pero termina marchándose) (Baja Maya del árbol)*

MAYA Oye... el oso parecía susurrarte al oído. ¿Qué es lo que te dijo?

VALERIA Me dio un consejo.

MAYA ¿Y qué consejo es ese?

VALERIA Me dijo que no viajara con amigos que te abandonan cuando hay peligro.

(Sonido de Trombón)

NACHO M ¿Habéis entendido? Si un amigo necesita ayuda, no le deis de lado. Quizá no tenga tanta suerte como la que se hizo la muerta. Quizá el oso se lo coma.

(Oscuro) (Música de transición) (Vuelve a colocarse todo el escenario y los personajes en la posición inicial)

ESCENA 5

(Todos otra vez con los móviles) (Sara se acercará al borde del escenario, en la parte central, manipulará el móvil y se oyen de nuevo múltiples sonidos de llegadas de mensajes...)

SARA ¿Qué os parece la nueva foto que he subido para mi perfil de Instagram?

LINA No sé... Yo la veo un poco borrosa.

SARA ¿Borrosa?... *(Manipula el móvil)* A ver si ahora está mejor *(Sonidos de mensajes)*

ELENA Mejor... Pero el pelo no te queda bien así.

SARA Es verdad.... Pues esperad, que tengo otra. *(Manipula el móvil y sonidos de mensajes)*

MAYA Ese vestido no te queda bien.

SARA Espera, que tengo la misma pero con otro vestido. *(Manipula el móvil y sonidos de mensajes)*

DUNIA Estaría mejor si salieras tu sola... se ve a mucha gente

SARA Creo que tengo otra por aquí. *(Manipula el móvil y sonidos de mensajes)*

VICTOR ¿En serio te gusta el grupo de música de la camiseta que llevas puesta? Si son una birria.

SARA Jo.... Pues a ver qué os parece esta. *(Manipula el móvil y sonidos de mensajes)*

NACHO M ¿Te has mirado bien? Yo le pondría algún filtro.

SARA ¿Os parece bien este? *(Manipula el móvil y sonidos de mensajes)*.

HERNÁN Ese filtro es espantoso.

CHARAF Horrible. Te queda fatal.

VALERIA ¿Pero no has visto que casi no se te ven los ojos?

SARA Está bien chicos. Voy a ponerle otro. *(Manipula el móvil y sonidos de mensajes)*

MATEO Yo le quitaba ese fondo. No queda nada bien

MAÍNA *(Mirando en el móvil de alguien)* Y parece que te hace la cara más gorda.

JULIA Yo creo que es la ropa. La ropa no te queda bien.

SARA A ver, esperad un momento. Que tengo otra. Esta os va a gustar, seguro. *(Manipula el móvil y sonidos de mensajes)*

ALICIA Estaría mejor con el filtro que le has puesto antes.

SARA ¿Pero no habíais dicho que no os gustaba?

NICOLÁS Pero con esta foto seguro que le queda bien.

DANIEL Pues yo no se lo pondría, no les hagas caso.

SARA No hay quién os entienda chicos...

(Murmuran todos como dando sus opiniones) (Adam paseará entre ellos. Coge la caracola. Personaje Líder)

ADAM ¡¡Un momento!! ¡¡Escuchadme bien!! ¿Os dais cuenta de lo que estáis haciendo?

(Murmullos de los demás)

ADAM Todos diciéndole a ella lo que debe hacer... Está claro que no conocéis el cuento de Dos en un Burro, verdad?

HERNÁN ¡¡Es verdad!! ¡Yo sí, yo lo conozco!

DANIEL ¡Yo también lo conozco! ¡Es muy divertido!

ADAM Pues fenomenal. Entonces tú Hernán y tú Daniel seréis el padre y el hijo... Ya sé, con estas escaleras y este palo podéis hacer el burro. Y como aquí hay bastantes más personajes... *(Preparan la escena. Con dos escaleras pequeñas y con unos palos puestos de una a otra, forma el burro — Música de transición)*

CUENTO 5

(El burro ya está preparado. Hernán y Daniel conversan)
(Hernán hará el papel del padre y Daniel del hijo)

HERNÁN ¡Vamos hijo! Hoy hay mercado en la ciudad, así que iremos a comprar algunas cosas. Llevaremos al burro para traer la carga.

DANIEL Está bien padre. *(Se colocan cada uno a un lado del "burro" y hacen como que andan)*

HERNÁN Vaya... por allí se acerca el amo de la finca... a ver qué quiere ahora...

NICOLÁS Hombre. Rigoberto. ¿Cómo te va todo?

HERNÁN Muy bien, mi señor, pero no me llamo Rigoberto.

NICOLÁS No importa, Lamberto. ¿Y dónde vas con la burra, Mamerto?

HERNÁN Mi señor, le recuerdo que me llamo Roberto.

NICOLÁS Es igual, hijo, es igual…. ¿Que dónde vas con la burra?

HERNÁN Al mercado, mi señor, a ver si…

NICOLÁS Me da igual donde vayas, Filiberto… ¿Y se puede saber dónde vais los dos andando en vez de montados en la burra?

HERNÁN Pues señor….

NICOLÁS Me parece fatal, Adalberto… Las burras están para algo. Anda, sube tú, que tu muchacho aún parece joven.

DANIEL Como usted diga, señor. Suba usted, padre. *(Sube a la burra)*

(Nicolás se va)

HERNÁN ¡¡Señooor!! Que me llamo Roberto. ¡¡Ro – ber – to!! ¡Será posible!… ¿Qué hijo, no te importa que yo vaya en la burra y tu andando?

DANIEL No padre. Tranquilo

HERNÁN Pues andando, al mercado. *(Hacen movimientos de ir andando)* ¡Lo que faltaba hijo! Por ahí vienen esas dos mujeres. Son las más metomentodo que he visto en la vida. Siempre están hablando mal de todo el mundo a sus espaldas. Déjame a mí, que yo hablaré.

(Hablan entre ellas antes de encontrarse con ellos) (Son Dunia y Lina)

DUNIA Pues lo que yo te diga, hija mía. Hay que tener mucho cuidado con esa... Menuda es... *(Se encuentran)* ¡A la paz de Dios!

HERNÁN A la paz de Dios, señoras... *(Pasan de largo)*

DUNIA Habrase visto. ¿Te has dado cuenta? El padre subido en la burra, y el hijo andando.

LINA No le dará vergüenza...

HERNÁN ¿Decían algo, señoras?

(Vuelven ellas)

DUNIA Pues sí, sí decimos. ¿Cómo no vamos a decir? No le da a usted vergüenza, un hombre hecho y derecho, ir tan cómodamente subido a la burra, y su pobre muchacho llevarlo andando?

DANIEL Pero señoras, si es que...

DUNIA ¡Calla muchacho, calla! ¡Si tú no tienes la culpa! La culpa es de tú padre y solo de tu padre!

LINA ¡Menudo ejemplo que le está dando!

HERNÁN Vamos a ver señoras....

DUNIA ¡Usted cállese! Que yo no hablo con sinvergüenzas. Desde hace 30 años no se habla mi familia con la suya.

DANIEL Bájese de la burra, padre, que yo me subiré.

DUNIA ¡Eso es, eso es! El pobre muchacho andando... Ale, nos vamos ya de aquí *(Se van)*

DANIEL No le importa padre que yo vaya en la burra...

HERNÁN No te preocupes hijo. Por no oírlas más, mejor así. Ale, vamos al mercado.

(Movimientos de andar)

HERNÁN *(Hace el gesto de mirar a lo lejos, poniéndose la mano en la frente para quitarse el sol)* Hijo, no me gusta el aspecto de aquellas gentes que por allí vienen. Podrían ser ladrones. No te asustes y déjame hablar a mí.

DANIEL Como usted diga, padre.

(Aparecen dos ladrones. Pañuelo en pelo. Con palos) (Son Nacho M. y Julia)

NACHO M ¡Alto! ¡Dónde se creen que van!

HERNÁN Al mercado, señores, nos dirigimos al mercado.

JULIA ¡¡Somos ladrones!! ¡¡Y somos muy malos!! ¿Eh? ¡¡Muy, pero que muy malos!!

DANIEL Padre, tengo miedo...

HERNÁN Tranquilo hijo. No pasa nada... Por favor, señores, no nos quiten nada, somos gente pobre y tenemos lo justo para vivir.

NACHO M ¡¡Nos da igual!! ¡¡Nosotros robamos lo que sea y a quien sea!!

HERNÁN Pero fíjense, señores. Nosotros vamos ahora al mercado. Vamos a por cosas: comida, ropa... No llevamos nada encima.

NACHO M O sea... que van ustedes al mercado, ¿no vuelven?

HERNAN Exacto

NACHO M ¿No te dije que hay que salir a robar cuando la gente venga del mercado, no cuando vuelva?

JULIA Ah... pues es verdad... pero me confundí... ¡Es igual! ¡¡Pero somos muy malos! ¡¡Nos llevamos la burra!!

HERNÁN ¡No, por favor! ¡¡La burra no!! ¡Es casi lo único que tenemos!

(Daniel, el hijo, comienza a llorar)

NACHO M Mire, se me enternece el corazón de ver a su hijo llorar. Está bien, no les quitaremos nada.

JULIA ¿Cómo? ¡¡Pero si somos muy malos, malíiiiisimos!!

NACHO M ¡Déjalo! Y para otra vez a ver si te aclaras de cuando la gente VUELVE del mercado. No cuando VA.

HERNÁN ¡Gracias señores, muchas gracias!

NACHO M Pero eso sí... Ya que tienen una burra... digo yo que podrían ir los dos subidos encima, en vez de uno solo.

HERNÁN Vamos bien así, señores, no se preocupen.

JULIA ¡¡O se suben los dos en la burra, o nos llevamos la burra!!

HERNÁN ¡Vale, vale, vale! No se pongan así. Nos subiremos los dos en la burra.

(Hernán se sube en la burra)

NACHO M Ya que tienen burra, al menos aprovéchenla. ¡Nos vamos!

JULIA Bueno... quizá les esperemos aquí cuando vuelvan del mercado.

NACHO M ¡Vámonos, vámonos! Que el agente de la ley estará pisándonos los talones.

(Los ladrones se van) (Daniel y Hernán, subidos los dos, hacen gestos de andar)

DANIEL Esto es un jaleo, padre. Cada uno nos dice una cosa.

HERNÁN Tranquilo hijo, tranquilo… Lo mejor es que no nos pase nada…. Mira, por allí veo a alguien más que se acerca.

(Aparece un agente de la ley. Adam. Gorra de policía)

ADAM ¡¡Alto ahí, alto ahí!! ¡Soy agente de la ley! ¡¡Alto ahí!!

HERNÁN A la paz de Dios, señor agente.

ADAM ¿Han visto por aquí pasar a dos peligrosos malhechores?

DANIEL Sí, señor agente… se fueron por allí. ¡Corra, corra, seguro que los alcanza!

ADAM ¡¡Allá voy!! *(Sale corriendo pero al instante se detiene)* ¡¡Un momento!! *(Vuelve para atrás)* ¿Y esta burra?… ¡A ver! ¡Los papeles de la burra!

HERNÁN Mire señor agente… Mire, señor agente, no sé a qué papeles se refiere.

ADAM ¿Llevará las vacunas en regla no?

DANIEL Sí, sí, sí. Señor agente. Goza de mucha salud.

(El agente da unas vueltas alrededor de ellos, observándolos bien)

ADAM Pero ahora que me doy cuenta… ¡¿¡¡Cómo van los dos subidos sobre la burra!!?!

HERNÁN Pues mire señor agente... Es que...

ADAM Ni es que ni nada.. ¿No les da vergüenza?

DANIEL ¿Vergüenza de qué?

ADAM ¿Cómo que de qué? ¡Un pobre animal indefenso! ¡Y los dos ahí, subidos encima de él!

HERNÁN Pero señor... ¿No estaba persiguiendo a los malhechores? Se le van a escapar.

ADAM ¡Es igual! ¡Esto es maltrato animal! Una buena multa se van a llevar. ¡¡Vamos, por favor, bájense los dos de la burra inmediatamente!

(Daniel y Hernán se bajan. Adam escribe la multa en una libreta)

ADAM *(Les entrega la multa)* Ahí tienen. ¡Se les va a caer el pelo! ¡Hombre, por favor, ir los dos subidos sobre la burra! ¡¡Me voy!! ¡Que se me escapan los malhechores! *(Desaparece corriendo)*

DANIEL Padre, no se da usted cuenta. Nadie está conforme con lo que hacemos. ¿Qué haremos ahora?

HERNÁN *(Vuelve a mirar a lo lejos con la mano en la frente)* Bueno... parece que ahora no se ve a nadie venir. Creo que es momento de descansar un rato.

DANIEL ¿Descansar? Pero padre, con el tiempo que hemos perdido, llegaremos tarde al mercado.

HERNÁN No te preocupes, hijo. Llegaremos a tiempo. Además, quiero descansar para contarte algo importante.

DANIEL ¿Qué me quiere usted contar, padre? *(Se sientan)*

HERNÁN Mira hijo…. ¿Te ha llamado la atención todo lo que nos acaba de pasar, verdad?

DANIEL Sí, padre. Nadie estaba de acuerdo con lo que hacíamos. Todo lo que hiciéramos parecía estar mal.

HERNÁN Bien hijo. Pues quiero decirte que todo esto no ha sido casual, ha estado preparado.

DANIEL ¿Cómo?

HERNÁN Lo he preparado yo, hijo. Yo he querido que pasara así. He hablado previamente con todos los que se han cruzado en nuestro camino para que todo sucediera así. *(Todos los personajes que han intervenido los rodean)*

DANIEL ¿Pero y esto, padre?

HERNÁN He querido darte una lección. Lo he hecho a propósito para enseñarte cómo debes comportarte en esta vida. Y es que jamás harás nada que contente a todo el mundo, pues, aunque obres de la mejor manera posible, nunca faltará alguno que venga a criticarte…… Ale, vámonos *(Hacen gesto de andar)*

(Se va haciendo el oscuro) (Durante el oscuro recolocan las cosas) (Música de transición)

ADAM ¿Habéis entendido?. ¡Dejad que cada uno se exprese como quiera!

(Oscuro. Música de transición) (Vuelven todos a sus posiciones iniciales)

ESCENA FINAL

(Todos con los móviles, como al inicio de todas las escenas. De repente, algo pasa, parece ser que se ha ido la cobertura) (Todos empiezan a dar golpecitos a los móviles, a subirlos y agitarlos en el aire como cuando se busca cobertura)

ALICIA ¿Qué pasa aquí? ¿No hay cobertura?

NACHO ¡La wifi, se nos ha ido la wifi!

VALERIA ¡Qué rollo! ¡No, ahora no!

VÍCTOR ¡Yo no puedo vivir sin wifi!

(La reacción será entonces general. Se oirán cosas como: ¡qué rollo! ¡Vaya historia! ¿Ahora qué hacemos? ¡Esto es una mierda!)

(Maína, con su libro, comenzará a reir)

(Repentinamente se irá la luz) (Se oirán gritos de todos)

(En oscuro)

SARA ¿Qué pasa, por qué no hay luz?

JULIA Lo peor no es la luz... ¡Es que no hay wifi!

ELENA ¡Esto es muy raro, aquí pasa algo!

HERNÁN ¡Tengo miedo!

(De repente se empezarán a oír sirenas de alarma de bombardeo) (En oscuro, sin que se les vea, todos dejan sus

móviles en el suelo. Todos recogen las cosas del escena-
rio, quedará un escenario vacía solo con los móviles en el
suelo)

(Sobre el sonido de Sirenas de Alarma de Bombardeo se
escuchará una voz en off)

VO EN OFF Para esta situación Lucanor también tendría un consejo. Son más de 800 años los que llevan escritos estos
consejos, pero no les hacemos caso. De todas formas
basta con mirar un poquito a la historia y ver como
nunca, lamentablemente nunca, aprendemos de ella.

(Se vuelve a iluminar el escenario y sobre él, solo se ven los
móviles en el suelo)

FIN

NOTA

Estaré encantado de poder ayudaros, orientaros y aconsejaros si queréis representar estas obras, para ello os dejo aquí mi contacto.

E-MAIL
- Personal:

  jjcuenca45@gmail.com
- Biblioteca de Villar de Olalla (Cuenca):

  bpmvillarolalla@gmail.com

REDES SOCIALES
- Facebook personal:

  https://www.facebook.com/juanjose.alfaroolmedilla/
- Linkedin personal:

  https://www.linkedin.com/in/juan-jos%C3%A9-alfaro-olmedilla-4a861283/

- Facebook de la Biblioteca de Villar de Olalla:

  https://www.facebook.com/biblioteca.villardeolalla
- Instagram de la Biblioteca de Villar de Olalla:

  @bibliovillardeolalla
- Twitter (ahora X) de la Biblioteca de Villar de Olalla:

  @BIBVillarOlalla
- TikTok de la Biblioteca de Villar de Olalla:

  @bibliotecavdo